圖解
中華人民共和國史

周子峰　編著

中華書局

□ 責任編輯：黃　帆
□ 責任設計：高　林
□ 責任校對：盧爭艷
□ 責任排版：周　榮
□ 責任印製：林佳年
□ 插　圖：方向群

圖解中華人民共和國史（第二版）

□
編著
周子峰

□
出版
中華書局（香港）有限公司
香港北角英皇道499號北角工業大廈一樓B
電話：（852）21372338　傳真：（852）27138202
電子郵件：info@chunghwabook.com.hk
網址：http://www.chunghwabook.com.hk

□
發行
香港聯合書刊物流有限公司
香港新界大埔汀麗路36號
中華商務印刷大廈3字樓
電話：（852）21502100　傳真：（852）24073062
電子郵件：info@suplogistics.com.hk

□
印刷
美雅印刷製本有限公司
香港觀塘榮業街 6 號 海濱工業大廈 4 樓 A 室

□
版次
2009 年 7 月第一版
2010 年 5 月第四次印刷
2019 年 12 月第二版
© 2009 2019 中華書局（香港）有限公司

□
規格
特32開（210 mm×153 mm）

□
ISBN: 978-988-8674-32-9

目錄

CONTENTS

第一章　中國共產黨之崛起 (1921-1949)

1.1　列強入侵下的中國　/ 2

1.2　馬克思主義理論　/ 4

1.3　列寧的建黨理論　/ 6

1.4　斯大林模式　/ 8

1.5　馬克思主義在中國的傳播　/ 10

1.6　中國共產黨之成立　/ 12

1.7　第一次國共合作　/ 14

1.8　國共分裂與革命根據地的建立　/ 16

1.9　二萬五千里長征　/ 18

1.10　「西安事變」與第二次國共合作　/ 20

1.11　抗戰時期中共的發展與國共衝突　/ 22

1.12　延安整風　/ 24

1.13　國共再起內戰與國民黨敗退台灣　/ 26

第二章　中華人民共和國的成立（1949-1952）

2.1　毛澤東的新民主主義理論　/ 30

2.2　政治協商會議與開國大典　/ 32

2.3　新中國成立初年的社會改革　/ 36

2.4　西藏的和平解放　/ 38

2.5　黨一元化的領導體制　/ 40

2.6　土地改革　/ 42

2.7　「三反」「五反」運動　/ 44

2.8 　建國初期國民經濟的恢復和發展 　/ 46

2.9 　「一邊倒」的外交政策 　/ 48

2.10 　抗美援朝戰爭 　/ 50

2.11 　抗美援朝期間的政治運動 　/ 52

第三章　　向社會主義過渡 (1953-1957)

3.1 　社會主義過渡時期總路線 　/ 56

3.2 　計劃經濟的推行與「一五」計劃的成就 　/ 58

3.3 　共和國首部憲法的制定 　/ 60

3.4 　農業集體化 　/ 62

3.5 　手工業社會主義改造 　/ 64

3.6 　資本主義工商業的改造 　/ 66

3.7 　和平共處五項原則與萬隆會議 　/ 68

3.8 　八大的召開與工作重心的轉移 　/ 70

3.9 　1957 年的整風運動 　/ 72

3.10 　反右運動及其擴大化 　/ 74

第四章　　大躍進與中蘇交惡 (1958-1965)

4.1 　社會主義建設總路線與大躍進 　/ 78

4.2 　農業與工業的大躍進 　/ 80

4.3 　人民公社 　/ 82

4.4 　廬山會議 　/ 84

4.5 　三年經濟困難時期 　/ 86

4.6 　國民經濟的調整與「七千人大會」 　/ 88

4.7 　中蘇關係的微妙變化 　/ 90

4.8 　中蘇交惡經過 　/ 92

4.9　中蘇邊界糾紛與中國的「三線建設」　/ 94

4.10　社會主義教育運動　/ 96

4.11　意識形態的大批判與「文化革命五人小組」的成立　/ 98

第五章　文化大革命（上）(1966-1969)

5.1　毛澤東發動「文革」的原因　/ 102

5.2　「天下大亂，達到天下大治」　/ 104

5.3　文化大革命的導火線　/ 106

5.4　《五一六通知》與《五七指示》　/ 108

5.5　文化大革命的全面發動　/ 110

5.6　紅衞兵運動的興起　/ 112

5.7　「一月風暴」與「二月抗爭」　/ 114

5.8　「三支兩軍」與武漢「七二〇事件」　/ 116

5.9　紅衞兵狂熱行為之分析　/ 118

5.10　1968 年，「文革」作為一種群眾運動的終結　/ 120

5.11　知識青年上山下鄉　/ 122

5.12　中共九大的召開與幹部下放　/ 124

第六章　文化大革命（下）(1969-1976)

6.1　林彪的得勢　/ 128

6.2　林彪的失勢與逃亡　/ 130

6.3　林彪事件後共和國政局的發展　/ 132

6.4　中共十大的召開與批林批孔運動　/ 134

6.5　鄧小平復出　/ 136

6.6　鄧小平與 1975 年整頓及「反擊右傾翻案風」　/ 138

6.7　毛澤東時代的終結　/ 140

6.8 「文革」時期的文化與教育　/ 142

6.9 「文革」時期的中國經濟　/ 144

6.10 「文革」時期的中國外交　/ 146

第七章　改革開放的開端 (1977-1989)

7.1 華國鋒執政　/ 150

7.2 鄧小平的第三次復出　/ 152

7.3 真理標準問題大討論與平反冤假錯案　/ 154

7.4 中共十一屆三中全會與鄧小平時代的到來　/ 156

7.5 鄧小平的農業改革　/ 158

7.6 城市經濟體制的改革（1）/ 160

7.7 城市經濟體制的改革（2）/ 162

7.8 對外開放與經濟特區的成立　/ 164

7.9 鄧小平時代經濟改革的特點與成效　/ 166

7.10 胡耀邦辭職與中共十三大召開　/ 168

7.11 六四事件　/ 170

第八章　江澤民時代 (1990-2001)

8.1 「六四事件」後中國的困境　/ 174

8.2 鄧小平南巡講話　/ 176

8.3 中共召開十四大　/ 178

8.4 宏觀調控　/ 180

8.5 江澤民提出「三個代表」/ 182

8.6 經濟改革的深化　/ 184

8.7 「科教興國」戰略　/ 186

8.8 「一國兩制」的提出與香港回歸　/ 188

8.9　澳門的回歸　/ 190

8.10　非公有制經濟的迅速壯大　/ 192

8.11　中國加入世界貿易組織　/ 194

第九章　胡溫新政 (2002-2012)

9.1　中共十六大選出新一代領導人　/ 198

9.2　改革開放以來中國社會結構的變化　/ 200

9.3　新時期的人口問題　/ 202

9.4　貧富懸殊與失業問題　/ 204

9.5　區域發展的不平衡　/ 206

9.6　「三農」問題及對策　/ 208

9.7　中美關係　/ 210

9.8　中俄（蘇）關係　/ 212

9.9　中日關係　/ 214

9.10　台灣問題　/ 216

9.11　胡溫改革的新思維　/ 218

9.12　向公共服務型政府的轉型　/ 220

9.13　中共召開十七大　/ 222

9.14　奧運與世博　/ 224

9.15　航天事業的發展　/ 226

第十章　習近平時代 (2012年以來)

10.1　中共十八大的召開　/ 230

10.2　薄熙來與周永康事件　/ 232

10.3　人民幣的國際化　/ 234

10.4　「一帶一路」　/ 236

10.5 經濟發展的「新常態」與中國製造 2025 / 238

10.6 互聯網的發展 / 240

10.7 高鐵的發展 / 242

10.8 中共十九大的召開 / 244

10.9 動盪的中美關係 / 246

10.10 粵港澳大灣區的發展規劃 / 248

附 錄

重要人物簡介 / 251

中華人民共和國大事簡表 / 268

延伸閱讀書目 / 278

第一章
中國共產黨之崛起 (1921-1949)

晚清以降，中國處於內外交煎之困境：對外面臨列強的侵略，民族生存權備受威脅；內則政治腐敗，無力抵禦外侮，民生日蹙，由是激起廣大民眾的憤慨與反抗。辛亥革命雖然推翻清朝政權，但政局動盪更甚於從前，始終無法締造一個富強的中國。五四新文化運動時期，傳統儒家思想遭到不少知識分子唾棄，西方各種激進思潮紛紛湧入中國。俄國十月社會主義革命成功的消息傳來，令進步知識分子深受鼓舞，不少愛國青年燃起救國熱情，投身於革命洪流之中。中國的共產主義革命由此展開。

1.1 列強入侵下的中國

清代之中衰

17 世紀中葉，女真人入主中原，建立中國最後一個君主專制皇朝。清初諸帝勵精圖治，武功鼎盛，造就康（熙）、雍（正）、乾（隆）三朝盛世，奠定了當代中國之版圖基礎。及至道光年間，國內承平日久，人口從清初的一億增加到四億，耕地與人口比例嚴重失調，加上各級官吏因循苟且，吏治日壞，導致人民生計日蹙，民變四起。

西方列強的入侵

18 世紀末葉，西歐各國開展工業革命，科技發展一日千里，中國卻實行閉關政策，與西方列強國力之差距不斷增大。為滿足國家自身的政治與經濟發展需要，西方列強紛紛向亞洲及非洲擴展勢力，清廷國勢衰頹，成為列強欺凌的對象。1840 年英國發動鴉片戰爭，中國戰敗後被迫簽訂《南京條約》，割讓香港予英國，並開放多處通商口岸。中國國門由是被徹底打開。隨後列強繼續通過戰爭或外交威脅，迫使清廷簽訂更多不平等條約，令中國面臨被瓜分之危局。

辛亥革命推翻清朝統治

1900 年義和團事件後，簽訂《辛丑條約》，中國不單要賠償巨額款項，外國軍隊更可駐紮北京及通海要地，中國完全淪為外國的「次殖民地」。在此亡國危機刺激下，以「救亡圖存」為主要目標的民族主義運動由是勃興。

至 1911 年，在孫中山*領導下，革命黨人發動辛亥革命，推翻清朝統治，建立中華民國。可是辛亥革命是一次不徹底的革命，革命黨人礙於形勢，不得不與以袁世凱為首的舊官僚妥協，造成民初政局動盪不安；加上列強對華的侵略日甚一日，迫使愛國的知識分子繼續向外尋求救國之道。

---

* 書中出現的重要歷史人物以紅色字顯示。歷史人物的介紹集中在本書《附錄：重要人物簡介》中，以方便查閱。

晚清時期列強對中國之侵略

時　期	事　件	結　果
1840-1842 年	鴉片戰爭	簽訂《南京條約》，中國割讓香港島給英國；賠償英國軍費；開放廣州等五個通商口案。
1856-1860 年	英法聯軍之役（第二次鴉片戰爭）	簽訂《天津條約》《北京條約》，允許外國公使常駐北京；割讓九龍給英國；增開通商口岸。
1883-1885 年	中法越南之戰	簽訂《中法新約》，允許法國在中越邊界開埠通商。
1894-1895 年	中日甲午之戰	簽訂《馬關條約》，割讓遼東半島、台灣等地給日本；賠償日本軍費；增開通商口岸。
1900 年	八國聯軍之役	簽訂《辛丑條約》，賠償列強軍費；允許列強在北京設立使館區，並駐紮軍隊。

清政府日益顯出腐敗無能，排滿革命思想由是崛起。

辛亥革命爆發（1911 年）
中華民國成立（1912 年）

民初中國仍未擺脫西方列強控制與欺凌；軍閥混戰局面堪憂。

孫中山

先進知識分子再度向西方尋找救國之道

孫中山遺書（1925 年）

余致力國民革命，凡四十年，其目的在求中國之自由平等。積四十年之經驗，深知欲達到此目的，必須喚起民眾，及聯合世界上以平等待我之民族，共同奮鬥。

革命尚未成功，同志仍須努力！

1.2 馬克思主義理論

馬克思其人

馬克思（Karl Marx, 1818-1883），德國人，父為猶太籍律師。他與恩格斯（Engels）重建共產主義者同盟。1848 年完成《共產黨宣言》（*Communist Manifesto*），提出共產主義運動已成為不可抗拒的歷史潮流，無產階級必須團結起來，以暴力革命推翻資產階級的統治。1849 年起定居於倫敦，並研究經濟學，寫成主要著作《資本論》（*Das Kapital*）第一卷（1867）。去世後，遺稿由恩格斯整理出版。

馬克思主義

「馬克思主義」（Marxism），是指馬克思和恩格斯著作中所闡述的社會和政治思想體系。馬克思主義主要是對資本主義社會的批判性分析。「唯物辯證法」（Materialist dialectics）是馬克思主義者的哲學觀。認為物質世界是普遍聯繫和不斷運動變化的統一整體；任何事物都有它產生、發展和滅亡的過程；事物發展的根本原因在於其內部的矛盾性。

馬克思主義強調物質因素是歷史發展變化的主要動力。並將人類社會的演進劃分成原始社會、奴隸制社會、封建社會、資本主義社會、共產主義社會五種不同的社會形態。「階級」是生產資料私有制的產物。佔有生產資料的少數人，攫奪被剝奪生產資料的絕大多數人的勞動成果，產生了剝削和被剝削、統治和被統治的關係，社會分裂為對立的階級。馬克思斷言人類的歷史是階級鬥爭的歷史。在資本主義社會中，資本家剝削工人，勢必引起兩個階級之間的鬥爭，最終將導致共產主義社會的出現。

馬克思主義的社會發展觀

馬克思

恩格斯

名　稱	主要特點
原始社會	● 生產力水平低下。 ● 沒有階級。 ● 生產資料屬原始公社成員共同佔有。
奴隸社會	● 奴隸主佔有全部生產資料和生產者（奴隸）本身。 ● 出現私有產權。 ● 形成奴隸和奴隸主兩大對立階級，奴隸主建立強大的國家政權，對奴隸實行專政。
封建社會	● 地主或領主佔有絕大部分土地並剝削農民或農奴。 ● 存在着明顯的階級制度。
資本主義社會	● 資本家佔有生產資料並剝削僱傭勞動。 ● 資本家與工人階級的鬥爭，成為社會主要矛盾。
共產主義社會 「社會主義社會」是它的初級階段	● 生產力得到極大發展，物質和精神財富極為豐富。 ● 沒有階級分野，是一個「各盡所能，各取所需」的理想社會。 ● 「國家」（state）再無存在必要，會逐漸消亡。

馬克思主義的
主要組成部分

● 馬克思主義哲學（辯證唯物主義和歷史唯物主義）

● 馬克思主義政治經濟學

● 科學社會主義

1.3 列寧的建黨理論

列寧其人

列寧（Vladimir Lenin, 1870-1924），俄國馬克思主義革命家。因參加革命活動而流亡國外。1917 年俄國爆發「二月革命」後返回俄國，在「一切權力歸蘇維埃」的口號下發動「十月革命」，領導俄國工人階級和農民奪取政權，建立了世界上第一個社會主義國家。革命成功後，當選為第一屆蘇維埃政府人民委員會主席。

列寧的革命理論

馬克思雖然提出無產階級革命理論，但未有太多談及如何組織革命的問題。列寧的革命理論推動了馬克思主義的發展。

其一提出了「無產階級專政」理論，工人階級要以暴力推翻資產階級的政權，建立無產階級的政權。其二是強調共產黨的領導地位。共產黨是工人階級的先鋒隊，一個組織完善和有紀律的黨，才能駕馭革命的形勢。這個理論成為日後所有共產黨的核心思想。他認為黨的重要組織原則應該為「民主集中制」（democratic centralism），即黨制定決策時，必須保證自由討論；當黨內領導者作出最終決定時，所有黨員必須無條件地遵從。其三是認為資本主義透過向國外尋求生產原料、利用殖民地的廉價勞工而得到發展和擴張，令殖民地變成資本主義國家製成品的市場。資本主義國家通過壟斷市場，加速從世界其他落後地區榨取利潤。在列寧等俄共領袖推動下，聯合各國共產黨人建立「共產國際」，向世界各地輸出革命。中國共產黨的成立，便是在共產國際的顧問指導下進行。列寧的「民主集中制」思想，也是今天中國共產黨黨組織建設思想的重要組成部分。

列寧與俄國革命

- 提出「無產階級專政」理論，工人階級要以暴力推翻資產階級的政權，建立無產階級的政權。

- 強調共產黨的領導地位。共產黨是工人階級的先鋒隊，一個組織完善和有紀律的黨，才能駕馭革命的形勢。

- 黨的重要組織原則為「民主集中制」。

- 提倡向世界各地輸出革命，有效地打擊資本主義。

列寧

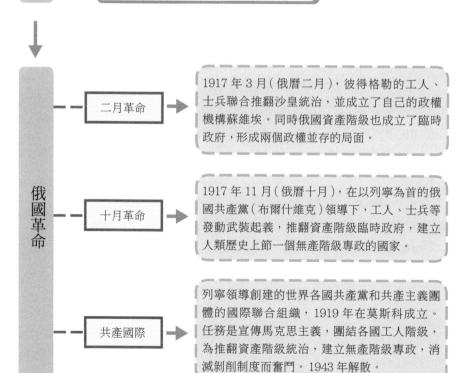

俄
國
革
命

二月革命 → 1917 年 3 月（俄曆二月），彼得格勒的工人、士兵聯合推翻沙皇統治，並成立了自己的政權機構蘇維埃。同時俄國資產階級也成立了臨時政府，形成兩個政權並存的局面。

十月革命 → 1917 年 11 月（俄曆十月），在以列寧為首的俄國共產黨（布爾什維克）領導下，工人、士兵等發動武裝起義，推翻資產階級臨時政府，建立人類歷史上節一個無產階級專政的國家。

共產國際 → 列寧領導創建的世界各國共產黨和共產主義團體的國際聯合組織，1919 年在莫斯科成立。任務是宣傳馬克思主義，團結各國工人階級，為推翻資產階級統治，建立無產階級專政，消滅剝削制度而奮鬥。1943 年解散。

1.4 斯大林模式

斯大林其人

斯大林（Joseph Stalin, 1879-1953）是 1920 年代後期至 1950 年代蘇聯最高領導人。俄國十月革命後，他出任第一屆蘇維埃政府民族事務人民委員，也是俄共中央執行委員會委員。自 1922 年起出任中央委員會總書記職務，直至去世。他提出「一國社會主義」的理論，用高壓手段推行農業集體化政策，在執行蘇聯的第一個五年計劃時，以犧牲消費品生產為代價，推行優先發展重工業的工業化政策，使蘇聯得以成為世界工業強國。

斯大林模式

「斯大林模式」是指斯大林執政時期蘇聯的社會模式，也是對斯大林執政時期蘇聯社會主義建設的指導理論、體制、政策的統稱。其基本特徵是共產黨和中央政府對社會生產生活進行高度集中的管理，大致有三個特點：

（一）經濟上，建立單一的生產資料公有制，運用行政手段執行指令性計劃，對工農業生產及工農業產品的分配和流通都進行高度集中的管理，共產黨和中央政府通過國家計劃委員會對整個社會的經濟活動進行全面控制。

（二）政治上，實行權力高度集中的一黨領導體制，共產黨內權力高度集中於中央。

（三）文化上，通過政治批判構造起高度集中的意識形態，社會生活的指導思想高度一元化，國家亦對文化教育和科研事業進行高度集中的管理。

中國建國初期，中共領導人視蘇聯為社會主義建設的先進典範而加以仿效，令「斯大林模式」對毛澤東時代的中國產生了深遠影響。直到鄧小平時代，「斯大林模式」才逐漸失去影響力。

「斯大林模式」對中國之影響

斯大林模式

基本特徵：共產黨及中央政府對社會生產生活各方面進行高度集中的管理

經濟上：單一的生產資料公有制，運用行政手段執行指令性生產計劃。

政治上：權力高度集中的一黨領導體制。

文化上：高度集中的意識形態，指導思想高度一元化。

斯大林

「斯大林模式」對中國之影響

- 仿效蘇聯實行單一的生產資料公有制，推行農業集體化政策，建立國有經濟的絕對主導地位；又實施「統購統銷」及戶口制度，對物資的分配和流通，進行高度集中的管理。

- 仿效蘇聯的「五年計劃」，制定第一個五年計劃，用農業積累扶助工業，以犧牲消費品生產為代價，優先發展重工業為手段，進行國家的現代化。

- 仿效斯大林時代政治體制的模式，實行權力高度集中的一黨領導體制，黨內權力高度集中於中央政治局。毛澤東以黨主席的身份掌握全國軍政大權。
- 仿效斯大林時代的做法，提倡對國家領導人的個人崇拜。

- 仿效蘇聯將意識形態一元化指導的做法，把馬克思列寧主義、毛澤東思想定為全國的指導思想，對其他被目為「異端」的思想予以嚴厲批判，通過各種群眾運動及對知識分子的思想改造運動，使全國人民自覺地執行黨的意志。

1.5 馬克思主義在中國的傳播

「十月革命」在中國的迴響

從晚清時期開始，中國部分推介西方知識的中文刊物（如《萬國公報》）已偶有提及馬克思的名字，但尚未正式介紹馬克思主義。中國人最早介紹社會主義並談到馬克思的是梁啟超。梁啟超於 1902 年的《新民叢報》上發表《進化論革命者頡德之學說》一文，簡略介紹了馬克思思想。1917 年俄國十月革命後，列寧建立了世界上第一個社會主義國家。1919 年 7 月和 1920 年 9 月，蘇俄政府兩次發表宣言，宣佈廢除沙皇政府同中國簽訂的不平等條約，放棄在中國的特權，使中國部分知識分子受到很大的啟發和鼓舞。毛澤東曾經指出：「『十月革命』一聲炮響，給我們送來了馬克思列寧主義。」馬克思主義能夠在中國廣泛流傳，的確與「十月革命」密切相關。

馬克思主義在中國的傳播

1919 年陳獨秀在《新青年》雜誌特設《馬克思研究專號》，介紹馬克思主義。馬克思主義學說的翻譯著作亦陸續出現。據統計，五四時期在報刊上發表的介紹馬克思主義的文章多達 200 多篇。李大釗在北京大學組織馬克思學說研究會，陳獨秀、毛澤東和周恩來等也分別於上海、湖南、天津等地建立研究馬克思主義或社會主義的組織，極力推廣馬克思主義。

早期中國知識分子傳播馬克思主義的一個明顯特點，是他們傳播的主要目的並非單純為探求學理，而是希望利用馬克思的革命理論，拯救與改造中國，因此他們特別重視傳播階級鬥爭和社會發展的學說，並把階級鬥爭學說看作是聯繫馬克思主義其他原理的一條「金線」。

陳獨秀主撰的
《新青年》雜誌

中國知識分子接受馬克思主義的原因

中國知識分子接受馬克思主義的原因

- 辛亥革命雖然推翻了腐敗的清朝政府，卻始終未能令中國富強起來，軍閥混戰與帝國主義的侵略日甚一日，使中國知識分子的危機意識與日俱增。

- 五四運動帶來了否定傳統與全面趨新的思潮。在「德先生」（民主）與「賽先生」（科學）的口號下，摒棄中國傳統，轉而學習西方，成為不少中國知識分子的信念。

- 第一次世界大戰以後，中國知識分子所嚮往的西方資本主義文明，弱點表露無遺，反而俄國在布爾什維克的領導下取得革命成功，並宣佈放棄過去帝俄政府的在華權益，贏得中國不少知識分子的好感及嚮往。

- 共產國際派遣特使來華，幫助中國知識分子加深了對馬克思列寧主義的理解，推動了中國的共產主義實踐。

各地共產主義小組及主要領導人（1920—1921年）

- 上海共產主義小組，陳獨秀。
- 北京共產主義小組，李大釗等。
- 長沙共產主義小組，毛澤東等。
- 武漢共產主義小組，董必武等。
- 濟南共產主義小組，王盡美等。
- 廣州共產主義小組，譚平山等。
- 法國、日本等海外共產主義小組，周恩來、周佛海等。

毛澤東

李大釗

1.6 中國共產黨之成立

共產國際與中共的誕生

1919 年 3 月，俄國共產黨在莫斯科成立「共產國際」，旨在把左翼社會主義分子和共產主義分子團結起來，採用革命行動對付資本主義世界。1920 年初，共產國際派遣維丁斯基（G. N. Voitinsky，又名吳廷康）來華，先後在上海和北京與陳獨秀、李大釗會面，建議在華建立共產黨，由共產國際協助工作。同年 8 月，陳獨秀在上海成立第一個「共產主義小組」，以《新青年》作為機關刊物。共產國際除派遣顧問進行指導外，並提供財政援助。

中共一大的召開

1919 年爆發的「五四」愛國運動促進了馬克思主義在中國的廣泛傳播，為中國共產黨的成立作了思想上、幹部上的準備。

1921 年，共產國際再派另一使者馬林（Maring）來華，指導中國的共產主義者進行組黨活動。7 月 23 日，各地共產主義小組選派代表，在上海法租界望志路 106 號（今名興業路 76 號）李漢俊之兄李書城家中召開中國共產黨第一次全國代表大會（簡稱「一大」）。與會中國代表有毛澤東、何叔衡、董必武等 13 人。共產國際代表馬林、尼科爾斯基也出席會議，陳獨秀與李大釗則因故未能出席。會議期間因受到租界密探的監視，遂移至浙江嘉興南湖一艘游船上繼續舉行。一大的決議主要有二：一是通過了中共黨綱，規定黨的任務是組織和教育人民進行階級鬥爭與社會革命，以實現無產階級專政；二是鑒於黨的力量還弱小，決定以主要精力建立工會組織，指導工人運動和做好宣傳工作，並要求與其他政黨關係上保持獨立政策，強調與第三國際建立緊密關係。考慮到黨員數量少和地方組織尚不健全，決定暫不成立中央執行委員會，只設立中央局作為中央的臨時領導機構，並選出陳獨秀為書記，張國燾負責組織工作，李達負責宣傳工作。

中國共產黨第一次全國代表大會

中共一大選出的中央局組成人員

陳獨秀

張國燾

李達

7月23日晚，中共第一次全國代表大會在上海法租界望志路106號（今興業路76號）召開。

7月31日，中共一大轉移到浙江嘉興南湖的一艘游船上舉行。

中共一大內容

- 各地代表報告本地工作
- 討論並通過《中國共產黨綱領》及《關於當前實際工作的決議》
- 選舉中央領導機構（陳獨秀為中央局書記）

1.7 第一次國共合作

國民黨之聯俄容共政策與國民黨一大召開

1916 年，袁世凱病亡，中國出現軍閥混戰局面。孫中山為實現革命理想，在廣州建立護法軍政府，未幾因軍政府為地方軍閥把持而離開廣州。其後，孫中山讓陳炯明的粵軍收復廣州。1922 年 6 月，陳炯明部突然叛變，給孫中山極大之刺激，也使他了解到建立革命武力之重要性。1922 年 8 月，蘇聯政府代表越飛（Adolf A. Joffe）抵上海，與孫中山商討合作事宜。孫中山為拓展革命力量，於 1923 年 1 月發表《孫文越飛聯合宣言》，確立國民黨「聯俄」的路線，其後又在此基礎上衍生出「容共」策略。1923 年 1 月 12 日，共產國際執行委員會亦通過「一月指示」，要求中國共產黨與國民黨合作。

1923 年孫中山重返廣州後，蘇聯又派鮑羅廷（Micheal M. Borodin）來華，以個人身份擔任國民黨的顧問，協助國民黨改組和籌辦軍校。1924 年 1 月，國民黨在廣州召開第一次全國代表大會，通過宣言，同意共產黨員以個人身份加入國民黨。同年 5 月，鮑羅廷協助成立國民黨陸軍軍官學校（即黃埔軍校）。蘇聯提供經費和武器援助，又派遣約 30 名軍官作為軍校的顧問。

第一次國共合作時期中共之發展

1925 年 1 月，中共召開第四次全國代表大會（簡稱「四大」），明確提出由無產階級領導「民主革命」，加強工會的組織工作，推展全國的革命運動。中共明確的反帝國主義思想，與當時中國的民族主義思潮相吻合，吸引了大量青年加入共產黨。至 1925 年 10 月，中共黨員已從 1921 年的 50 多人躍升至 3,000 人。

國民黨一大會場。國民黨一大的召開，標誌着國共合作正式建立。

中國共產黨早期發展情況

年　份	重要事件	人員情況
1921	● 中共召開第一次全國代表大會，中國共產黨正式成立。	出席一大人數：13 全國黨員人數：50多
1922	● 中共召開第二次全國代表大會，決議加入共產國際，成為該組織支部之一。	出席二大人數：12 全國黨員人數：195
1923	● 孫中山與越飛發表聯合宣言，共產國際訓示中共需與國民黨合作。 ● 中共召開第三次全國代表大會，討論與國民黨合作問題。	出席三大人數：40 全國黨員人數：420
1924	● 國民黨舉行第一次全國代表大會，確立「聯俄容共」的政策。 ● 黃埔軍校成立。	
1925	● 中共第四次全國代表大會召開，決議加強工會的組織工作，推展全國的革命運動。 ● 五卅運動爆發。	出席四大人數：20 全國黨員人數：994
1927	● 蔣介石發動「四一二政變」，實行大規模「清黨」，大批中共黨員被殺。 ● 中共召開第五次全國代表大會，討論革命面臨的嚴峻形勢；陳獨秀堅持自己的右傾錯誤。 ● 周恩來、朱德等發動南昌起義。 ● 中共「八七會議」召開，陳獨秀被免去中共總書記職務。會議決定以土地革命和武裝反抗國民黨的屠殺政策為總方針。 ● 張太雷、葉劍英等發動廣州起義。 ● 毛澤東領導建立井岡山根據地。	出席五大人數：82 全國黨員人數：57,967

1.8 國共分裂與革命根據地的建立

國共分裂

　　1925 年孫中山去世後，蘇俄顧問鮑羅廷在廣州的影響力與日俱增，國民黨內部分化日益加劇，左右兩派對共產黨的態度各不相同。北伐戰爭時期，國民黨政府從廣州遷到武漢。以國民黨左派為中心的武漢政府主張與共產黨繼續合作。1927 年 4 月，國民黨右派的代表蔣介石發動「清黨」運動，緝捕中共黨員，另在南京建立新政府，是謂「寧漢分裂」。未幾以汪精衛為首的武漢政府亦召開「分共會議」，正式宣佈與中共決裂。其後，武漢國民政府與南京國民政府宣佈合流，中共之發展陷入困境。

中共革命根據地的建立

　　國民黨「清共」期間，中共策劃武裝鬥爭進行對抗。1927 年 8 月 1 日，周恩來、朱德、賀龍、葉挺等在江西發動南昌起義（即今日中國「八一建軍節」之起源），後遭國民黨軍隊圍堵而退出南昌。不久，中共召開「八七會議」，批判陳獨秀的「右傾機會主義錯誤」，並確定武裝鬥爭和土地革命的總方針。同年毛澤東在湖南，張太雷、葉劍英在廣州先後發動武裝抗爭，均以失敗告終。毛澤東率領餘部到達江西井岡山，建立第一個農村革命根據地。1928 年初，朱德率眾加入。後來由於受到國民黨軍隊的圍攻，遂退至瑞金發展。中共在陝西、河南、湖北、湖南等省份，亦先後建立多支紅軍及多個農村蘇維埃根據地。毛澤東在江西時期的革命實踐，對他日後提出「以農村包圍城市」的革命策略，具有莫大影響。

中共第一個革命根據地井岡山

國共分裂時期中共主要的武裝抗爭事件

日　期	起義名稱	領導人	經過及結果
1927 年 8 月 1 日	南昌起義	周恩來、賀龍、葉挺、朱德、劉伯承	起義軍佔領南昌，後南下廣東，途中遭敵人封堵，損失慘重。
1927 年 9 月	秋收起義	毛澤東	起義地點在湖南、江西邊界，準備進攻長沙，因未能成功而退往山區。
1927 年 12 月	廣州起義	張太雷、葉挺、葉劍英	起義軍佔領廣州，旋因國民黨軍隊圍剿而失敗，張太雷被殺，餘部撤出廣州。

中共建立的主要農村根據地

根據地名稱	創建時間	主要領導人	
井岡山根據地→湘贛根據地	1927-1928 年	毛澤東、朱德、陳毅	1931 年 9 月，湘贛、贛南、閩西及湘鄂贛根據地連成一片，組成中央革命根據地。
贛南、閩西根據地	1929 年	毛澤東、朱德	
湘鄂贛根據地	1928-1929 年	彭德懷、滕代遠	
湘鄂西根據地	1928-1930 年	賀龍、周逸群	到 1930 年，農村根據地共發展到 15 塊，紅軍人數達到 10 萬人。
鄂豫皖根據地	1929-1930 年	徐向前、陳昌浩	
左右江根據地	1929-1930 年	鄧小平、張雲逸、李明瑞	
閩浙贛根據地	1928-1930 年	方志敏、邵式平	

1.9 二萬五千里長征

國民黨對中共的圍剿

　　1930 年冬，中原大戰結束後，國民黨全力對付共產黨，從 1930 年至 1933 年間對紅軍各個根據地先後發動五次圍剿。前四次均遭失敗。1933 年 10 月，國民黨軍隊再進行第五次圍剿，並改變戰術，封鎖共區，紅軍在共產國際顧問李德（Otto Braun）的指揮下，改變過去實行戰略退卻、誘敵深入、集中兵力實行運動戰等戰術，與國民黨軍隊進行陣地戰，招致重大損失。1934 年 10 月，紅軍主力從長江南北各根據地向陝北革命根據地（亦稱陝甘蘇區）進行戰略大轉移，開始「二萬五千里長征」。12 月中旬，紅軍抵達湘黔邊界時，毛澤東力主放棄原定進入湘西與第二、六軍團會合的計劃。中共中央政治局在黎平開會，接受了毛澤東的主張，決定向以遵義為中心的川黔交界地區前進，使紅軍避免了覆亡的危險。此後紅軍粉碎了國民黨軍隊的圍堵，並克服了張國燾的分裂活動。1935 年 10 月，主力部隊到達陝西北部。1936 年 10 月，紅軍各部在甘肅省會寧地區會師，歷時兩年的長征宣佈結束。

遵義會議與毛澤東領導地位的確立

　　1935 年 1 月紅軍長征途中，中共中央在貴州省遵義召開政治局擴大會議，會議將第五次反圍剿失敗的原因，歸咎於博古（原名秦邦憲，時為中共中央總負責人）與李德的錯誤領導，取消了兩人的最高軍事指揮權；同時肯定了毛澤東的軍事路線和作戰原則，推選他為政治局常委，從此逐步確立了毛澤東在中共中央和紅軍中的實際領導地位。由於在長征時期毛澤東表現出卓越的軍事領導才能，在紅軍倖存者的心目中，毛澤東是把他們帶出荒原的先知，這也成為日後毛澤東實行個人崇拜的原由之一。

遵義會議會址。遵義會議確立了毛澤東在中共和紅軍中的領導地位。

二萬五千里長征

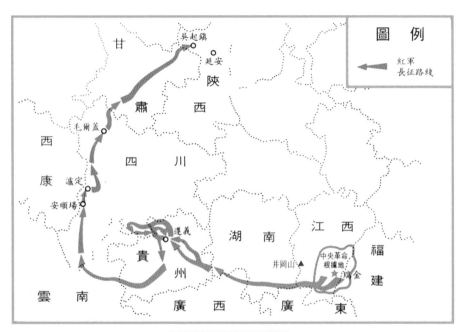

中央紅軍長征路線圖

遵義會議

- 總結第五次反「圍剿」的教訓。
- 批評博古（秦邦憲）、李德軍事指揮上的錯誤。
- 肯定毛澤東關於作戰的基本原則。
- 改組中共中央領導機構，增選毛澤東為政治局常委。

1.10 「西安事變」與第二次國共合作

《八一宣言》

自 1931 年「九一八事變」後，日本侵華野心日熾。1935 年 8 月，身在莫斯科的中共駐共產國際代表王明（即陳紹禹）發表《八一宣言》，表明中共願在「抗日救國」的前提下，與任何黨派合組國防政府。12 月，中共中央政治局召開瓦窯堡會議，確認《八一宣言》為中共中央正式文件，並改變吸收黨員的政策，規定今後吸收知識分子黨員，應當只問其政治傾向，不問其階級出身。凡是願意抗日愛國者，便可吸收進黨內。會議確定了中共建立抗日民族統一戰線的策略方針。

西安事變

抗日戰爭爆發前夕，蔣介石堅決執行「攘外必先安內」的政策，「剿共」被當成抗日的前提。張學良之父張作霖為奉系軍閥首領，被日本軍隊炸死。張學良率眾歸順國民政府。1931 年「九一八事變」後，張學良奉命執行「不抵抗政策」，導致東三省淪陷；後被蔣介石派往西安負責剿滅共產黨的軍事任務。張學良痛感剿共勢必導致東北軍與中共兩敗俱傷。1936 年 12 月 12 日，他與西北軍將領楊虎城於西安發動兵變，扣押蔣介石，迫他實行抗日。張、楊二人又電邀以周恩來為首的中共代表團，到西安共商解決辦法。經談判，蔣介石最終接受了聯共抗日等條件。事件以張學良釋放蔣介石，並親自陪同蔣介石回南京作結。「西安事變」加速了第二次國共合作的形成。正當國共兩黨談判之際，日軍發動盧溝橋事變，兩黨遂摒棄前嫌，攜手抗日。可是，這種妥協方式不能有效地解決兩黨的基本矛盾，也給抗戰時期連綿不絕的國共衝突埋下伏線。

第二次國共合作的形成過程

1927 年國共分裂後，蔣介石堅決實施「剿共」政策，迫使中共開始長征。

江西瑞金，紅軍長征從這裏出發。

日本對華侵略野心日熾，先後侵佔東北及策動華北自治，中國的民族危機日甚一日。

「九一八事變」形勢圖。自此之後，東北淪陷。

1936 年 12 月，張學良與楊虎城合謀發動「西安事變」，迫使蔣介石放棄剿共，國共兩黨開始討論合作事宜。

「西安事變」中的張學良、楊虎城、蔣介石（左至右）。

1937 年 7 月，日本發動「七七事變」，蔣介石宣佈全面抗日，中共宣佈願與國民黨攜手抗日，第二次國共合作正式形成。

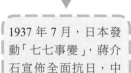

「七七盧溝橋事變」，日軍入侵華北。

1.11 抗戰時期中共的發展與國共衝突

「平型關大捷」與「百團大戰」

　　抗戰初期，中共的直屬部隊被編為國民革命軍第八路軍，不久改為國民革命軍第十八集團軍，由朱德任總司令。1937 年 9 月，八路軍在山西取得「平型關大捷」。林彪及聶榮臻率領八路軍第 115 師在平型關伏擊日軍，擊斃日軍 1,000 餘人，打破了日軍不可戰勝的神話。此後中共採取避實擊虛的遊擊戰術，於日軍佔領區內建立農村抗日根據地。至 1940 年，八路軍兵力約 30 萬人，合共控制 200 多個縣。1940 年 8 月，八路軍在朱德、彭德懷領導下，動用 105 個團共 20 萬人的兵力發動「百團大戰」，破壞華北地區日軍的鐵路、公路交通線，斃傷日軍 2 萬餘人、偽軍 5,000 餘人，破壞鐵路 470 餘公里、公路 1,500 餘公里，繳獲各種炮 50 餘門、各種槍 5,800 餘支（挺），沉重打擊了日軍的「囚籠政策」，並減輕了中國抗戰正面戰場的壓力。

國共衝突的加劇

　　國共兩黨表面上攜手抗日，實際上兩黨間之猜忌與敵對意識未有稍減。抗戰時期國共雙方最大之武裝衝突當推 1941 年 1 月之「新四軍事件」（亦稱「皖南事變」）。新四軍原由南方的紅軍游擊隊整編而成，其活動範圍與長江中下游國民黨軍隊戰區重疊，雙方經常因駐軍防區與徵餉問題而產生磨擦。1941 年 1 月初，新四軍在安徽南部茂林地區遭國民黨軍包圍，軍長葉挺被俘。其後中共中央軍委重建新四軍軍部，由陳毅代任軍長。此後國共雙方關係日益惡化，國民黨甚至封鎖了陝甘寧邊區。八路軍則在淪陷區積極擴張勢力，至 1945 年，軍隊人數已達 91 萬。

八路軍晉察冀部隊在「百團大戰」中的「淶靈戰鬥」中告捷

抗戰時期中共武裝力量的發展

日 期	中共武裝力量的數量
1934 年 10 月紅軍進行長征前夕	約 10.2 萬人
1937 年下半年抗戰爆發初期	約 5.6 萬人（八路軍 4.6 萬人，新四軍 1.03 萬人）
1938 年底	18 萬人（八路軍 15.6 萬人，新四軍 2.5 萬人）
1940 年	約 30 萬人
1942 年日軍在華北實施「治安強化運動」後	約 40 萬人
1945 年春	約 91 萬人（包括八路軍、新四軍及其他地方軍隊，民兵並不計算在內）
1946 年 6 月	127 萬餘人（野戰軍 61 萬餘人，地方軍 66 萬餘人）

抗戰初期中共開闢的主要抗日根據地

晉察冀	1937 年	聶榮臻
晉西北	1937 年	賀龍、關向應
晉冀豫	1937-1938 年	
冀南	1938 年	宋任窮、鄧小平
冀魯豫	1938 年	劉伯承
山東	1938-1939 年	羅榮桓
蘇南	1938 年	陳毅、張鼎丞
皖中	1938 年	高敬亭
皖南	1938 年	譚震林

統一組建為晉冀魯豫抗日根據地

鄧小平　　劉伯承

1.12 延安整風

緣起

到 1942 年，中共黨員人數已由抗戰初期的 4 萬多人發展到 70 多萬人，要維持全體黨員思想上的一致性是很困難的事情；加上 1941 年以後日軍對華北地區實施「三光」政策，解放區面臨艱難的局面，更需要中共加強自身建設，因此中共決定於 1942 年 5 月開始推行整風運動。

內容

延安整風運動的主要內容是：反對主觀主義以整頓學風，反對宗派主義以整頓黨風，反對黨八股以整頓文風。解決的中心問題是反對教條主義，樹立一切從實際出發、理論與實踐統一、實事求是的作風。在整風運動中，黨員和幹部都必須熟讀中共中央指定的文件，包括毛澤東、斯大林等人的個人著作和講話，並根據學習到的理想黨員標準，檢討和反省自己人生每一個階段的言行。除公開自我批評以外，還要接受其他人的幫忙和批評，徹底改造自己。在此過程中，每一個黨員和幹部都要寫自傳和反省檢查。整風採取「懲前毖後，治病救人」，即「團結—批評—團結」的方針，而着重分析黨員犯錯誤的環境和原因，達到「既要弄清思想，又要團結同志」兩個目的。同時，毛澤東亦在 1942 年 5 月發表《在延安文藝座談會上的講話》，號召文藝界進行整風學習，成為建國以後內地文藝發展的綱領性文獻。

歷史意義

整風的推行，有助於加強黨員的共識和忠誠，鍛造出一個擁有統一號令、紀律及思想的強大組織，使得中共能夠成功地面對日軍的殘酷鎮壓，也令中共在國共內戰中取得勝利。同時，透過黨員對毛澤東著作的學習，「毛澤東思想」也成為黨內意識形態的主要指導思想，奠定了毛澤東在黨內的絕對領導地位。

毛澤東《在延安文藝座談會上的講話》的內容要點

- 評判文藝作品的標準：政治標準第一，藝術標準第二。

- 文藝應該服從黨在一定革命時期內所規定的革命任務。

- 必須要將文藝變成為整個革命機器的一個組成部分。

- 革命文藝工作者的任務是暴露一切敵人的殘暴和欺騙，並指出他們必然失敗的趨勢。

- 文藝應該描寫在黨的指導下，無產階級擺脫背上的包袱，同自己的缺點錯誤作鬥爭的過程。

- 文藝工作者應該向工農兵學習，走向群眾，和工農兵大眾的思想感情打成一片。而要打成一片，就應當認真學習群眾的語言。

- 文藝必須通過典型形象體現出黨性原則，更有效地發揮文藝的特定的戰鬥功能。

《講話》發表後解放區迅速出現的文藝作品

小説： 趙樹理的《李有才板話》、《小二黑結婚》
孫犁的《荷花淀》

戲劇： 舊劇《打漁殺家》、《逼上梁山》
秧歌劇《兄妹開荒》
歌劇《白毛女》

歌曲： 呂驥的《八路軍進行曲》
冼星海的《黃河大合唱》

1.13 國共再起內戰與國民黨敗退台灣

抗戰勝利後國共的不同形象

抗戰勝利後，國民黨因對接管區的管治措施失當，產生接收官員貪污舞弊等問題；又因財經問題處理失當，形成惡性通貨膨脹，漸失民心。而中共則採取各種有效方法，積極爭取農民與城市居民的支持。農村方面，中共在新佔領的農村地區實行打漢奸、打特務、打惡霸活動，在根據地進行反覆檢查「減租減息」（減免地租和減少利息）的活動，通過清算鬥爭動員農民，為日後的土地改革奠定基礎。城市方面，隨着佔領城市的數目日漸增多，中共逐漸積累大量的城市管理經驗。中共佔領城市後的基本策略是恢復市面，並強調「勞資兩利」的原則，致力恢復生產，使解放區的居民生活與國民黨統治地區的情況形成鮮明對比。

從重慶談判到內戰爆發

1945 年 8 月，蔣介石邀請毛澤東到重慶舉行會談，雙方簽訂《雙十協定》，同意「堅決避免內戰」，「建設獨立、自由和富強的新中國」，並召開政治協商會議，共商建國大計。1946 年初，在美國的調停下，國共兩黨簽訂停戰協定，政治協商會議在重慶開幕。唯因兩黨彼此成見甚深，缺乏互信，和談期間軍事衝突越演越烈。1946 年 7 月，國民黨軍隊向中共控制地區發動全面進攻，內戰遂不可避免。1947 年中共軍隊正式易名為「中國人民解放軍」。

國共大決戰

國共內戰期間，解放軍運用運動戰術逐步削弱國民黨軍隊的實力，取得戰場上的優勢。1948 年 9 月至 1949 年 1 月，透過遼瀋、淮海、平津三大戰役，徹底擊潰國民黨的軍事力量，此後解放軍更席捲全國，中共最終取得對中國大陸的統治，蔣介石則率國民黨軍隊撤守台灣，形成國共隔岸對峙的局面。

三大戰役

戰役名稱	時間	解放軍指揮員	國民黨損失兵員
遼瀋戰役	1948 年 9 月 12 日 -1948 年 11 月 2 日	林彪、羅榮桓	約 47 萬人
淮海戰役	1948 年 11 月 6 日 -1949 年 1 月 10 日	劉伯承、鄧小平、陳毅、粟裕、譚震林	約 55 萬人
平津戰役	1948 年 11 月 29 日 -1949 年 1 月 31 日	林彪、羅榮桓、聶榮臻	約 52 萬人

林彪

劉伯承

羅榮桓

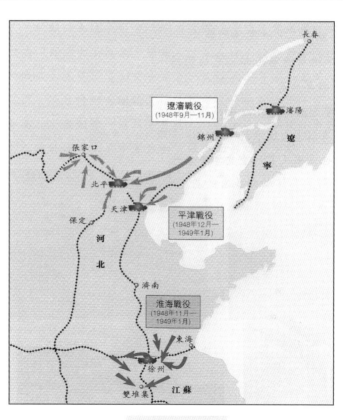

三大戰役形勢圖

第二章
中華人民共和國的成立（1949-1952）

　　1949 年 10 月 1 日，毛澤東在天安門城樓上宣佈中華人民共和國正式成立。中共在經歷 28 年艱苦的鬥爭後，終於取得全國政權。在毛澤東領導下，中共執行「不要四面出擊」的方針，一方面致力於恢復經濟以期穩定民心；另一方面推行「土地改革」，實現社會主義「平均地權」的理想，鞏固新政權在農村地區的認受性；又以武力打擊國民黨的殘餘勢力及其他反動分子。在二戰後東西方陣營對立的國際形勢下，中國基於意識型態與現實因素的影響，推行「一邊倒」的外交政策並出兵朝鮮，加入韓戰。

2.1 毛澤東的新民主主義理論

新民主主義理論的內容

　　新民主主義理論是毛澤東提出的關於殖民地半殖民地國家，由無產階級領導民主革命的理論。毛澤東曾撰寫《新民主主義論》（1940年）等文章，系統闡述這一理論。他認為中國在實行社會主義前，必須經過新民主主義此一過渡性階段。革命的目標是由無產階級（通過共產黨領導）掌握革命領導權，徹底完成革命的任務，並及時實現由新民主主義向社會主義的過渡。革命的對像是帝國主義、封建主義和官僚資本主義。革命的動力是工人階級、農民階級、城市小資產階級、民族資產階級和其他愛國民主力量。其中工人階級是革命的領導力量，中國共產黨是領導核心。農民是工人階級最可靠的同盟軍，也是中國革命的主力軍，小資產階級則是可靠的同盟軍。新民主主義革命共有三條基本綱領：

　　（一）政治綱領是建立各革命階級聯合專政，實行民主集中制的新民主主義國家。

　　（二）經濟綱領是沒收封建地主階級的土地歸農民所有，沒收官僚壟斷資本歸新民主主義國家所有。

　　（三）文化綱領是創造無產階級領導的反帝反封建的文化，具有科學性和大眾性的文化。

對中國近代史發展脈絡的詮釋

　　按照新民主主義理論，五四運動是中國新民主主義革命的開始，此前的資產階級民主革命係中國的舊民主主義革命。五四直到1949年中國共產黨在全國取得政權，這一時期被稱為「新民主主義革命時期」，期間經歷了北伐戰爭（1924至1927年）、土地革命戰爭（1927至1937年）、抗日戰爭（1937至1945年）和全國解放戰爭（1945至1949年）四個歷史階段。中華人民共和國成立，標誌着中國新民主主義革命的勝利，中國從此進入新民主主義社會。

新民主主義在建國初年的實踐

政治方面
- 建立一個由工人階級（以中國共產黨為核心）領導的新的共和國。
- 實行「民主集中制」，設立各級人民代表大會。
- 對地主階級和官僚資產階級等反動派實行「人民民主專政」。

經濟方面
- 進行土地改革。
- 沒收官僚壟斷資本，強化國有經濟的地位。

文化方面
- 開展知識分子思想改造運動。
- 提倡「為人民服務」的文化改革。
- 實行社會改革，整頓社會風氣（如禁賭、提倡男女平等）。

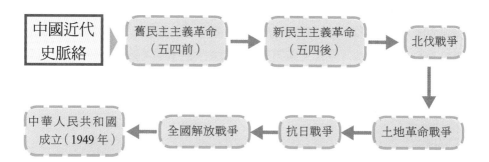

中國近代史脈絡 ▶ 舊民主主義革命（五四前）→ 新民主主義革命（五四後）→ 北伐戰爭

中華人民共和國成立（1949年）← 全國解放戰爭 ← 抗日戰爭 ← 土地革命戰爭

2.2 政治協商會議與開國大典

人民民主專政

1949 年 6 月，毛澤東發表《論人民民主專政》，指出未來新中國應當是人民民主專政的國家。根據毛澤東的解釋，「人民」是指工人階級、農民階級、城市小資產階級和民族資產階級。各階級在工人階級和共產黨的領導之下團結起來，組成自己的國家，新政權在人民內部實行民主，對地主階級和官僚資產階級等反動派實行「專政」。「人民民主專政」成為新中國國體中一個最重要的政治理念。

第一屆政治協商會議與《共同綱領》

1949 年 6 月，中共召開「新政治協商會議」籌備會，中共及各民主黨派、各界民主人士，國內少數民族和海外華僑等代表共同選出了以毛澤東為首的新政治協商會議籌備會常務委員會。9 月，中國人民政治協商會議在北平（即今北京）召開第一屆全體會議。會議通過了以準憲法定位的《中國人民政治協商會議共同綱領》（簡稱《共同綱領》）、《中華人民共和國中央人民政府組織法》和《中國人民政治協商會議組織法》，選出了以毛澤東為主席的中央人民政府委員會。又決定中華人民共和國國都定於北平，將北平易名為北京；以田漢作詞、聶耳作曲的《義勇軍進行曲》為國歌；以曾聯松設計的五星紅旗為國旗。

開國大典

1949 年 10 月 1 日下午 3 時，30 萬軍民齊集北京天安門廣場，隆重舉行開國大典。毛澤東等中共領導人及各民主黨派代表登上天安門城樓，廣場上響起《東方紅》樂曲。毛澤東按下升旗的電鈕，在國歌《義勇軍進行曲》的旋律中，第一面五星旗在廣場上冉冉升起。毛澤東向全世界宣告，中華人民共和國正式成立。接着舉行了歷時三個小時的盛大閱兵儀式。

《共同綱領》的重要內容

項目	主要內容
政治方面	● 中華人民共和國為新民主主義即人民民主主義的國家，以工農聯盟為基礎，實行人民民主專政。 ● 共和國人民享有選舉、被選舉權和言論、集會、結社、宗教信仰等自由。 ● 國家政權屬於人民。人民行使國家政權的機關為各級人民代表大會和各級人民政府，前者經人民由普選方法產生。中國人民政治協商會議得就有關國家建設事業的根本大計及其他重要措施，向全國人民代表大會或中央人民政府提出建議案。 ● 各級政權機關一律實行「民主集中制」。其原則為人民代表大會向人民負責，並報告工作。人民政府委員會向人民代表大會負責，並報告工作。全國各地方政府均須服從中央人民政府。
經濟政策方面	● 強調國營經濟的重要性，凡有關國家經濟命脈和足以操縱國民生計的事業，均由國家統一經營，並實施土地改革。
文化教育方面	● 教育應以提高人民文化水平、肅清封建思想、發展為人民服務的思想為主要任務。
民族政策方面	● 實行民族平等，保障各民族的信仰及宗教自由。
外交政策方面	● 主要原則為保障本國獨立、自由和領土主權的完整，在平等、互利及互相尊重領土主權的基礎上與外國建立外交關係。

開國大典（油畫，董希文作）

1949 年 10 月 1 日，毛澤東在天安門城樓上向世界宣告，中華人民共和國正式成立。
畫中第一排（從左至右）是當時的國家副主席，依次為朱德、劉少奇、宋慶齡、
李濟深、張瀾、高崗；第二排首位為國家總理兼外交部長周恩來。

中華人民共和國國旗旗面的紅色象徵着革命；旗上的五顆五角星及其相互關係象徵着共產黨領導下的各族人民大團結，五角星用黃色是為了在紅地上顯出光明；四顆小五角星各有一尖正對着大星的中心點，表示圍繞着一個中心而團結，在形式上也顯得緊湊美觀。

中華人民共和國國徽的內容為國旗、天安門、齒輪和麥稻穗（國旗和天安門象徵國家，齒輪象徵工人階級，麥稻穗象徵農民階級），象徵中國人民自「五四」運動以來的新民主主義革命鬥爭和工人階級領導的以工農聯盟為基礎的人民民主專政的新中國的誕生。

中華人民共和國國歌是《義勇軍進行曲》，田漢作詞，聶耳作曲，創作於 1935 年，原是電影《風雲兒女》的主題歌。影片講述 1930 年代日本侵略中國東北時，中華民族處於生死存亡的緊急關頭，人們勇敢地走向抗日前線的故事。《義勇軍進行曲》高昂激越、鏗鏘有力，體現了中華民族勇敢、堅強、團結禦侮的優良傳統。

2.3 新中國成立初年的社會改革

取締舊社會的惡習

共和國政府在政治改革的同時，也積極推行各種社會改革。1949 年 11 月，北京市第二屆各界人民代表會議通過封閉妓院的決議。政府將妓院老板集中審查處理，將妓女集中在教養院進行學習，使她們成為自食其力的勞動者，重過正常生活。繼北京之後，上海、天津等城市也都採取同樣措施。此外，政府亦嚴厲執法禁止吸毒、賭博等社會不良風氣，嚴懲從事販毒、賭博業的不良分子，使社會風氣煥然一新，贏得各國讚許。

婦女地位的提升

1950 年 4 月，中央政府通過並頒佈了新中國的第一部法律——《中華人民共和國婚姻法》，為中國婦女的解放奠定了法律的基礎。《婚姻法》規定：「廢除包辦強迫、男尊女卑、漠視子女權益的封建主義婚姻制度。實行男女婚姻自由、一夫一妻、男女權利平等、保護婦女和子女合法利益的新民主主義婚姻制度。」該法律強調結婚必須男女雙方完全自願，亦必須符合法定婚齡，男方不得早於 22 周歲，女方不得早於 20 周歲，必須符合一夫一妻制。夫妻在家庭中地位平等，都有參加生產、工作、學習和社會活動的自由，擁有實行計劃生育的義務，彼此亦有相互扶養的義務。

掃除文盲運動

1950 年 9 月，中央教育部和全國總工會聯合召開第一次全國工農教育會議，首次提出「開展識字教育，逐步減少文盲」的目標，並提出舉辦職工業餘教育、工農速成中學和工農文化補習學校三個實施辦法。掃盲運動隨後通過中央政府得到推廣落實。至 1958 年 7 月，全國已有 639 個縣、市基本掃除了文盲。

新中國成立初年推行之社會改革

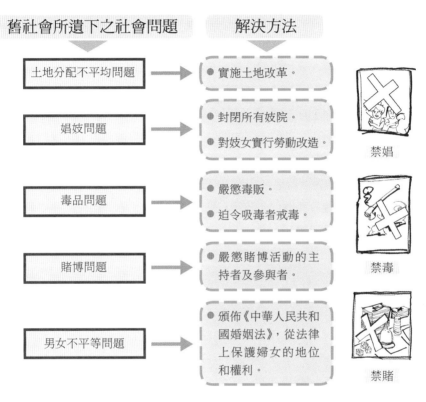

舊社會所遺下之社會問題	解決方法	
土地分配不平均問題	● 實施土地改革。	
娼妓問題	● 封閉所有妓院。 ● 對妓女實行勞動改造。	禁娼
毒品問題	● 嚴懲毒販。 ● 迫令吸毒者戒毒。	禁毒
賭博問題	● 嚴懲賭博活動的主持者及參與者。	禁賭
男女不平等問題	● 頒佈《中華人民共和國婚姻法》，從法律上保護婦女的地位和權利。	

婦女在慶祝取締妓院

當時出版的《婚姻法圖解通俗本》

2.4 西藏的和平解放

1949 年以前西藏與中央政府在政治上的從屬關係

　　西藏是中國不可分割的一部分。元代統一中國，西藏成為元朝直接治理下的一個行政區域。元世祖忽必烈即位後，封八思巴為國師。1264 年設釋教總制院，命八思巴以國師身份兼領院事。在總制院（後改「宣政院」）下，設有「宣慰使司都元帥府」，負責處理和管轄現今西藏大部分地區的軍政事務。明朝政府對西藏的治理，沿襲元朝的做法，先後設置烏思藏、朵甘兩個「衛指揮使司」和「俄力思軍民元帥府」，管理當地軍政事務。1727 年，清廷設立駐藏大臣，代表中央監督西藏地方行政。1750 年，清廷調整管理西藏的行政體制，廢除郡王制度，建立西藏地方政府（即「噶廈」），規定了駐藏大臣與達賴喇嘛共同掌握西藏事務的體制。

1951 年的《十七條協議》

　　共和國成立後，政府決心維護對西藏的主權。1950 年 10 月，解放軍於昌都擊敗英、美等國支持的藏軍。1951 年 5 月 23 日，中央政府與西藏地方政府的代表簽訂《中央人民政府與西藏地方政府關於和平解放西藏的協議》（簡稱《十七條協議》）。共和國政府保證對西藏現行制度及達賴喇嘛的固有地位及職權不予變更，尊重西藏人民的風俗習慣及宗教信仰，實行民族區域自治。十四世達賴喇嘛和十世班禪額爾德尼分別致電毛澤東，表示擁護「十七條協定」。10 月，解放軍進駐拉薩，標誌西藏和平解放。1959 年，西藏貴族和農奴主發動叛亂，被解放軍鎮壓，第十四世達賴喇嘛逃往印度。至 1965 年 9 月，西藏自治區正式成立。

1950 年 10 月，中國人民解放軍進駐西藏。

西藏與中央政府關係大事記

年份	大事
641	松贊干布建立吐蕃王朝，定都邏娑（今拉薩），迎娶唐太宗的宗女文成公主。
710	唐金城公主嫁吐蕃王赤德祖贊。
822	唐室與吐蕃結盟，史稱「長慶會盟」。
1264	元世祖忽必烈設釋教總制院，命八思巴以國師身份兼領院事。在總制院（後改為「宣政院」）下，設有「宣慰使司都元帥府」，負責處理和管轄現今西藏大部分地區的軍政事務。
1653	清朝順治帝頒賜金冊、金印，敕封五世達賴，正式確定「達賴喇嘛」的封號。
1713	康熙皇帝冊封五世班禪羅桑益西為「班禪額爾德尼」，正式確定「班禪喇嘛」的封號。
1727	清廷設立駐藏大臣，代表中央政府監督西藏地方行政。
1793	清廷頒佈《欽定藏內善後章程》，成為日後西藏地方行政體制和法規的規範。
1929	國民政府設立蒙藏委員會，主管藏族、蒙古族等少數民族地區行政事宜。
1950	解放軍發起昌都戰役，擊敗反動藏軍。
1951	共和國政府和西藏地方政府的代表簽訂《中央人民政府與西藏地方政府關於和平解放西藏的協議》。
1959	西藏發生武裝叛亂，第十四世達賴喇嘛出逃。
1965	西藏自治區正式成立。

2.5 黨一元化的領導體制

　　共和國建立初期，中共因應鎮壓敵對勢力與鞏固政權的需要，實施黨一元化的領導體制。特點是以黨領政，以黨領軍，以黨領群，高度中央集權，以黨組織為中心，而全黨又以毛澤東為中心。自建黨以來，中共極為強調黨員必須絕對遵從黨中央的領導。中共對政府機關的領導，主要透過「黨組」來實現。1956 年通過的黨章，規定在國家機關和人民團體（如總工會、婦女聯合會、工商聯合會和共青團等）的領導機關中，凡是有擔任負責工作的黨員三人以上的，就應當成立「黨組」。

　　「黨組」的任務是在這些組織中負責執行黨的政策和決議，加強跟非黨幹部的團結。中央政府除統一全國貨幣外，也統一全國財政收入、物資調度及現金管理。又成立全國編制委員會，決定各級政府員額，以便統一調配人力資源。

　　黨一元化領導的執政模式，無疑提高了社會的整體動員能力，有利於國家進行建設活動；可是這種執政方式亦束縛了社會各方面的積極性與創造性。而且，一旦中央高層出現問題，極容易造成全國性的社會大動盪，文化大革命便是典型事例。

建國初期，國家領導人朱德、毛澤東、陳雲、周恩來（左至右）在中南海紫光閣。

新中國成立初期中央政府架構圖

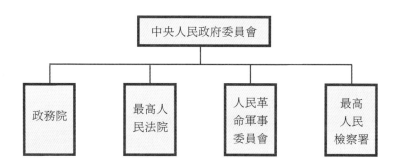

新中國成立初期地方政府架構圖

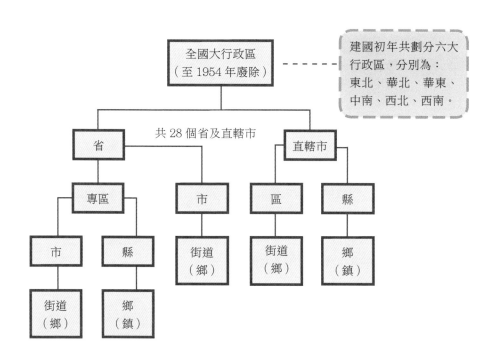

2.6 土地改革

尋求群眾支持的基礎

1949 年共和國正式成立時，中國農村已有約 20% 的鄉村完成了土地改革。中共決心把土改迅速推行到全國。這種決心除了是要兌現「新民主主義」的承諾，也包括以下原因：

（一）維護新政權的群眾支持基礎（尤其是貧農的支持）。

（二）土改既能消除潛在的反革命威脅，又能建立中共在鄉村的政治權力。

（三）中共期望通過土改提高農業產量，既為農業技術革命奠定政治基礎，也為未來農村向社會主義的轉變提供先決條件。

中共在農村地區，除剷除反抗力量外，還發動民眾，開展「反惡霸鬥爭」。一般的做法是由上級派來的幹部探訪貧民，調查掌握惡霸罪行，培養「積極分子」，召開群眾訴苦大會，揭發惡霸的罪行，啟發農民的階級覺悟。1950 年 6 月，政府頒佈《中華人民共和國土地改革法》（簡稱《土改法》），規定沒收地主的土地，無償分給無地少地的農民。至 1953 年，土改基本完成。

土地改革的意義

土改打破了傳統中國農村的租佃制度，實現了「耕者有其田」的理想，亦為中共領導下的農村未來的經濟發展和社會改造奠定基礎。實行土改後，從貧下中農中產生的政治積極分子組成了新的農村領導層，並與國家的政治機構建立直接聯繫，使政府能夠大量調撥農業剩餘產品，支援工業化的發展。土改還導致農民政治意識的普遍提高。通過階級鬥爭（群眾鬥爭大會和公審大會），農民感到個人可以改變自己的生存條件，能夠成為自己命運的主人，為日後中共在農村推行群眾運動作了準備。

中共如何在農村推行土地改革

第一步：發動群眾，劃分階級

- 派遣土改工作隊向農民說明劃分階級的主要標準，展開群眾評議。

- 下令地主本人在村民大會上自報階級成分、財產、剝削量及有無參加勞動等，再由農民揭露其隱瞞謊報行為。

- 對農村中有僱傭勞動的，其剝削收入超過其全年總收入 25% 者，劃為富農；未超過 25% 者，劃為富裕中農或中農。對中農、貧農、僱農的評議，則在農民內部進行。

第二步：沒收和分配土地財產

- 按照「土改法」的規定，有步驟地沒收地主的土地及耕畜、農具、多餘糧食及房屋等財產，徵收富農超出規定範圍以上的出租土地和公地。

第三步：進行覆查，動員生產

- 中央及地方政府大力組織民主人士、工商業家和大學教授等各界人士，分批到農村參觀或參加土地改革，以便發現和糾正土改工作中的缺點偏差。

土改時，農民在丈量土地。

2.7 「三反」「五反」運動

針對違法黨員的「三反」運動

中共有很多新黨員都是在革命將要獲得成功時入黨。黨組織無法完全確認這些人的加入，是出於真誠的信仰還是投機，間接衍生出對黨員的控制問題。在 1951 年開展的增產節約運動中，又確實發現了大量嚴重的貪腐和官僚主義問題。

針對這種情況，1951 年 12 月，中共中央正式發起「反貪污、反浪費、反官僚主義」的「三反」運動，重點打擊貪污犯罪現象。次年 1 月，中共中央宣佈「三反」進入「打虎」階段，規定貪污額在一億元（舊幣）以上者為「大老虎」，一億元以下、1,000 萬元以上者為「小老虎」。半年期間，共查出貪污 1,000 萬以上的貪污分子約 10 萬人，被判處死刑的有 51 人，包括原中共天津地委書記劉青山、天津行署專員張子善，因貪污盜竊國家財產 155 億元（舊幣），亦被判處死刑。

針對違法商戶的「五反」運動

在推行「三反」過程中，政府發現在不少重大貪污案件中，出現私商同黨政機關人員互相勾結的現象。為此中共中央於 1952 年 1 月發出指示，展開反對行賄、反對偷稅漏稅、反對偷工減料、反對盜騙國家財產、反對盜竊國家經濟情報的「五反」運動。在運動過程中，各城市抽調大批幹部、工人和店員積極分子組成工作隊或檢查組，分批進駐私營企業，檢查違法行為。

1952 年 3 月，中共中央指示各地將私人工商戶劃分為守法、基本守法、半守法半違法、嚴重違法和完全違法五類，區別對待。據北京、天津、上海等 8 個城市統計，涉及行賄、偷稅漏稅等「五毒」的私營工商戶有 467,776 戶，其中，嚴重違法戶佔 2.45%，完全違法戶佔 0.45%。全國受到刑事處分的有 1,500 餘人，僅佔全國參加「五反」運動的近百萬戶工商業者的 0.15%。

推行「三反」「五反」運動的原因

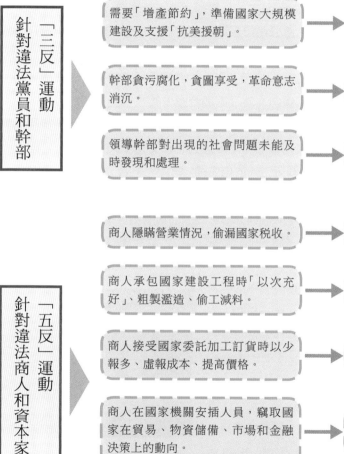

面對的問題　　　　　　　　應對方法

「三反」運動
針對違法黨員和幹部

需要「增產節約」，準備國家大規模建設及支援「抗美援朝」。 → 反浪費

幹部貪污腐化，貪圖享受，革命意志消沉。 → 反貪污

領導幹部對出現的社會問題未能及時發現和處理。 → 反官僚主義

「五反」運動
針對違法商人和資本家

商人隱瞞營業情況，偷漏國家稅收。 → 反偷稅漏稅

商人承包國家建設工程時「以次充好」、粗製濫造、偷工減料。 → 反偷工減料

商人接受國家委託加工訂貨時以少報多、虛報成本、提高價格。 → 反盜騙國家財產

商人在國家機關安插人員，竊取國家在貿易、物資儲備、市場和金融決策上的動向。 → 反盜竊國家經濟情報

商人用行賄辦法，拉攏和收買國家機關和經濟部門人員。 → 反行賄

2.8 新中國成立初期國民經濟的恢復和發展

新中國成立初期，為恢復國民經濟，中共主要採取了以下政策和措施：

（一）沒收國民黨的官僚資本。凡屬國民黨政府和重要官員所經營的工廠、商店、銀行、倉庫，及公用事業等，均由政府接管。旨在進一步打倒國民黨殘餘力量，同時解決新政府的財政問題。

（二）肅清帝國主義在華的經濟勢力。中共繼承民國時期知識界反帝國主義，要求民族獨立的思想傾向。為了肅清帝國主義在中國的經濟影響，中央人民政府設立海關總署，打擊走私活動。1950 年朝鮮戰爭爆發後，美國加緊對中國的經濟封鎖，中共則宣佈管制美國政府和美國企業在華的一切財產與存款。同時限制外國企業解僱工人的自主權，執行「先進口，後出口」的政策，對違反法規的企業徵收巨額罰款，迫使大部分外商撤出內地。他們的在華資產被收歸國有，與官僚資產共同構成國營經濟的重要組成部分。

（三）遏止通貨膨脹。面對物價飛漲的難題，政府採取政治與經濟雙管齊下的手段平抑物價。1949 年 6 月，上海軍管會逮捕 200 餘名金融投機商人。中央政府又於同年 11 月物價上漲最猛之時，拋售物資與收緊銀根，令投機商人的資金周轉失靈，紛紛破產，從而消除物價飛漲的人為因素，達到了安定人心的目的。

到 1952 年底，中國經濟逐漸從內戰創傷中復元過來，取得令人滿意的成果，工農業總產值達到 810 億元，比 1949 年增長 77.5%。

建國初期的中國人民銀行儲蓄存單

中共恢復國民經濟的成就（1949—1952年）

- 1952 年，工農業總產值達 810 億元，比 1949 年增長 77.5%，年遞增 21.1%。
- 工業總產值 349 億元，增長 145.1%，年遞增 34.8%。
- 農業總產值 461 億元，增長 53.5%，年遞增 15.3%。
- 1952 年工農業主要產品之增長：

  鋼 135 萬噸，比歷史最高年產量多 43 萬噸。

  原煤 6,649 萬噸，比歷史最高年產量多 461 萬噸。

  糧食 16,390 萬噸，比歷史最高年產量多 1,390 萬噸。

  棉花 130.4 萬噸，比歷史最高年產量多 45.5 萬噸。

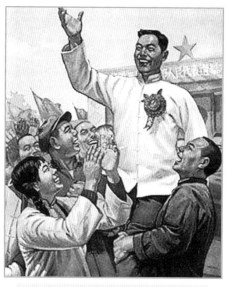

建國初期人民代表選舉宣傳畫

建國初期的年輕姑娘喜「列寧裝」

2.9 「一邊倒」的外交政策

中蘇友好同盟互助條約

共和國建國初年，政府實施向蘇聯「一邊倒」的外交政策，即在外交上奉行完全傾向社會主義陣營的原則，援助各社會主義國家和新興獨立國家的共產主義活動。1950 年 2 月，毛澤東訪問莫斯科，中蘇兩國簽訂《中蘇友好同盟互助條約》。其主要內容包括：（一）締約國雙方共同盡力採取一切必要措施，以期制止日本或其他與日本相勾結的任何國家之重新侵略與破壞和平。一旦締約國任何一方受到日本及其盟國侵襲因而處於戰爭狀態時，締約國另一方即盡其全力給予軍事及其他援助。（二）締約國雙方對於有關中蘇兩國共同利益的一切重大國際問題，均將進行彼此協商。

中蘇關係蜜月期

1950 年中國出兵朝鮮後，中蘇關係進入蜜月期。蘇聯為中國之建設計劃提供多方面援助，派專家來中國工作，並接受中國工程技術人員到蘇聯學習，「向蘇聯學習」成為當時風靡一時的口號。大量蘇聯書籍被翻譯介紹到中國，俄語成為當時學生最普遍學習的外語。從 1952 年起，中國高校開始以蘇聯高校為典範，取消美式的文學院和英、美大學特有的通才教育，而模仿蘇聯減少文科生，大量培養理工學生；又將全國綜合大學進行重整和合併，全國只有 13 所綜合大學得以保留，其餘被分割、裁併成 20 所單科大學。還進一步仿效蘇聯高等教育的做法，為各專業領域制訂全國統一的教學計劃、教材和教科書；並設立高級學位制，中國科學院和北京大學正式招收博士研究生，甚至連招生考試的擺設也都是模仿蘇聯。

共和國推行外交「一邊倒」之原因

意識形態
因素

- 在美蘇對立的形勢下，作為以社會主義為建國指導思想的共和國，必然靠攏以蘇聯為首的社會主義陣營。
- 中共領導人認定只有否認與英美等帝國主義國家的關係，才能徹底擺脫以往屈辱外交的束縛，確立新中國在世界上的平等地位。

現實利益
因素

- 美國於國共內戰時期扶持國民黨，使中共領導人心存芥蒂，擔心美國會以各種手段介入中國內政。
- 中共領導人視蘇聯現代化經驗為成功典範。中國要進行現代化改革，必須向蘇聯學習。只有與蘇聯保持密切關係，方有可能取得蘇聯的各種援助。

當時出版的《學習蘇聯先進經驗的故事》

向蘇聯學習的宣傳畫

2.10 抗美援朝戰爭

韓戰爆發

　　1945 年 8 月日本投降後，美軍佔領朝鮮半島南部。美、蘇兩國召開兩次會議，但未能就朝鮮半島問題取得任何成果。聯合國在美國政府主導下，決定在朝鮮半島南部成立政府。1948 年 8 月「大韓民國」（即南韓）正式成立，9 月北韓以成立「朝鮮民主主義人民共和國」作為回應。1950 年 6 月，朝鮮半島爆發戰爭。北韓軍隊迅速越過南北分治時的「三八線」，南韓軍隊十分被動。9 月，美軍打「聯合國軍」的旗號登陸仁川，北韓軍隊潰敗，形勢逆轉。北韓領導人金日成遂向中國求助。10 月，毛澤東派解放軍以「中國人民志願軍」的名義入朝作戰，彭德懷任志願軍司令員兼政委。

登陸朝鮮的美軍

志願軍入朝作戰經過

　　自志願軍參戰後，韓戰可分為兩個階段：

　　（一）1950 年 10 月至 1951 年 6 月為戰略進攻階段。10 月底志願軍伏擊追趕北韓敗軍的「聯合國軍」，把「聯合國軍」逼出漢城（即今首爾）。美國提議先停火再談判，毛澤東一口拒絕，反而要求外國軍隊立即全面撤出朝鮮半島。志願軍又發動第四與第五次戰役，傷亡相當慘重，未能取得決定性的戰果。

　　（二）1951 年 6 月至 1953 年 7 月為戰略相持階段。1951 年 6 月以後，美軍開始反攻，志願軍陷於守勢。兩軍在「三八線」上展開拉鋸戰。1952 年底兩軍爆發上甘嶺之役，美軍傷亡近 1 萬人，志願軍也死傷萬餘人。此後雙方覺悟到和平只有透過談判才能達成。至 1953 年 7 月，交戰雙方最終簽訂了停戰協定。

中國人民志願軍歡呼勝利

中國出兵朝鮮的原因

意識形態
因素

● 中國作為社會主義大國，應該幫助同一陣營的兄弟國家，加上金日成過去與中共關係密切，有需要對金日成政權施以援手。

● 朝鮮戰爭爆發後，美軍第七艦隊封鎖台灣海峽，妨礙解放軍收復台灣之計劃，激起中共領導人（尤其是毛澤東）對抗美國的激情。

現實利益
因素

● 斯大林盼望中國能協助金日成政權抵抗美國，中共領導人認為中國若出兵朝鮮，勢必能加強中蘇兩國之間的合作關係。

● 中國擔心若金日成政權失敗，朝鮮半島將落入資本主義陣營手上，中國的東北邊防可能面對嚴重威脅。

日　期	朝鮮戰爭經過
1950 年 6 月	北韓軍隊突破「三八線」並佔領漢城。
1950 年 9 月	美軍（即所謂「聯合國軍」）登陸仁川，包圍北韓軍隊。
1950 年 10 月	中國人民志願軍入朝作戰。
1953 年 7 月	南北韓雙方在板門店簽訂停戰協定。

2.11 抗美援朝期間的政治運動

鎮壓反革命運動

韓戰爆發後，潛伏於國內的反共分子在台灣及美國特務的唆使下，不斷進行破壞活動。中共不得不實行徹底的鎮壓政策。毛澤東認為「鎮反」的對象包括：（一）社會上的反革命；（二）隱藏在軍政系統的舊人員和新知識分子中的反革命；（三）隱藏在黨內的反革命。鎮反的打擊重點是匪首、惡霸、特務、反動會道門頭子。1951 年 12 月，鎮反運動在全國範圍內正式開始，1950 年 10 月基本結束。僅廣東一省，從 1950 年 10 月到 1951 年 8 月間，處決人數已達 28,322 人。通過鎮反，使社會秩序達到空前安定。

抗美援朝運動

中國軍隊出兵朝鮮後，中共發動「抗美援朝運動」，旨在使「全國人民對美帝國主義應有一致的認識和立場，堅決消滅親美的反動思想和恐美的錯誤心理，普遍養成對美帝國主義的仇視、鄙視、蔑視的態度」。各地普遍開展以「仇視、鄙視、蔑視」為中心內容的宣傳活動，由文藝界、出版界予以配合，還發動徵召青年參軍、訂立愛國公約、增加生產和捐獻武器運動，激發空前的愛國熱情。

知識分子思想改造運動

政府為了徹底消除知識分子心目中的親美思想，代之以親蘇的新觀念，開展了針對知識分子的思想改造運動。北京大學校長馬寅初首先倡導，並得到中央支持和肯定。1951 年 9 月，周恩來在北京大學向高等學校教師發表演講，鼓勵同為舊社會出身的知識分子進行自我改造，從階級鬥爭中求得進步，強調知識分子必須站在工人階級的立場看待及處理一切問題，鞏固工農聯盟，分清敵我界限，反對「美帝國主義和它的同盟國家、幫兇國家的反動政府」。全國的思想改造運動從 1951 年開始，至 1952 年底結束。在這場運動中，約有 81,000 人被批鬥，30 萬人因政治不可靠而被辭退工作。雖有積極效果，但因有些問題是非界限不清，加上做法粗糙生硬，傷害了部分知識分子的感情。

抗美援朝時期政治運動的原因

抗美援朝時期
（1950至1953年）
中共推行政治
運動的原因

- 潛伏於國內的反共分子在台灣及美國特務的唆使下，不斷進行破壞活動，需要對他們進行嚴厲的鎮壓。

- 志願軍在朝鮮戰爭中奮戰，需要動員民眾對他們作出精神與物質上的支持。

- 建國後小部分中共黨員出現腐化現象，必須對腐敗分子及思想不合格黨員予以整頓。

- 在清除腐敗分子後，甄選歷次政治運動中的「積極分子」入黨，為黨組織補充新鮮血液，保持黨內思想的純潔與一致性。

當時鎮壓反革命的宣傳畫

關於抗美援朝取得成就的宣傳畫

第三章
向社會主義過渡 (1953-1957)

到 1952 年底，中國的經濟逐漸從內戰的創傷中復元。中共領導人滿懷信心，盼望儘快實現建設社會主義大國的理想。在實施對農業、手工業和資本主義工商業的社會主義改造（即「三大改造」）的同時，推行「重工輕農」的經濟發展策略，集中力量發展重工業。1956 年，中共召開第八次全國代表大會，提出以經濟建設為全國工作的中心任務。可惜好景不常，以毛澤東為首的中共領導人，錯誤判斷形勢，導致反右運動的擴大化，對中國隨後的歷史發展產生了嚴重的負面影響。

3.1 社會主義過渡時期總路線

　　建國初期，毛澤東和其他中共領導人，認為中國必須先經過一段「新民主主義社會」的發展，待條件成熟後，再採取「嚴重的社會主義步驟」，一舉進入社會主義。在他們的心目中，這一個「新民主主義社會」階段至少需時十到十五年，甚至更長的時間。1949 年 3 月，中共七屆二中全會提出，取得全國政權以後，中國人民的奮鬥目標是使中國穩步地由農業國轉變為工業國，由新民主主義國家轉變為社會主義國家。1951 年 2 月，中共中央政治局擴大會議又提出「三年準備，十年建設」的具體構想，意在先完成國家工業化，再實行農業集體化和資本主義工商業國有化，進入社會主義。

　　可是在 1952 年 9 月中共中央書記處會議上，毛澤東忽然表示，中國應以「十年到十五年基本上完成社會主義，不是十年以後才過渡到社會主義」。這個建議後來得到正式確認，演化成為「社會主義過渡時期總路線」（簡稱「過渡時期總路線」），明確提出從共和國成立到社會主義改造基本完成是過渡時期，強調現階段任務是逐步實現國家的工業化，並逐步實現國家對農業、手工業和資本主義工商業的社會主義改造。1954 年 2月，中共七屆四中全會通過決議，正式批准這條總路線。1954 年 9 月召開的第一屆全國人民代表大會第一次會議，把這條總路線作為國家在過渡時期的總任務，載入共和國的首部憲法中。

頌揚總路線的宣傳畫

從新民主主義向社會主義過渡

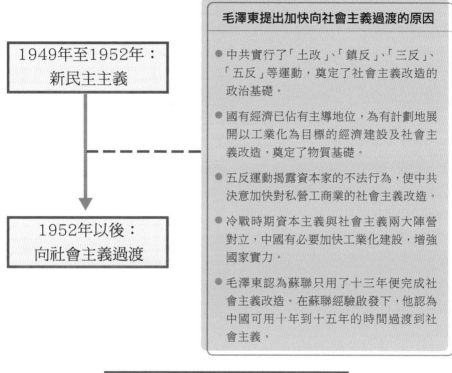

1949年至1952年：
新民主主義

1952年以後：
向社會主義過渡

毛澤東提出加快向社會主義過渡的原因

- 中共實行了「土改」、「鎮反」、「三反」、「五反」等運動，奠定了社會主義改造的政治基礎。

- 國有經濟已佔有主導地位，為有計劃地展開以工業化為目標的經濟建設及社會主義改造，奠定了物質基礎。

- 五反運動揭露資本家的不法行為，使中共決意加快對私營工商業的社會主義改造。

- 冷戰時期資本主義與社會主義兩大陣營對立，中國有必要加快工業化建設，增強國家實力。

- 毛澤東認為蘇聯只用了十三年便完成社會主義改造。在蘇聯經驗啟發下，他認為中國可用十年到十五年的時間過渡到社會主義。

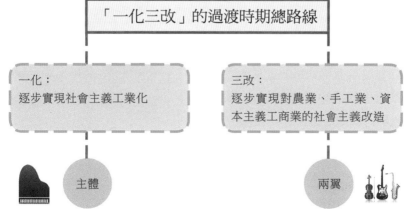

「一化三改」的過渡時期總路線

一化：
逐步實現社會主義工業化

三改：
逐步實現對農業、手工業、資本主義工商業的社會主義改造

主體

兩翼

3.2 計劃經濟的推行與「一五」計劃的成就

建國初期中共仿效蘇聯，實行「計劃經濟」。其實質就是把整個社會組織成為單一的大工廠，由中央計劃機關用行政手段配置資源。

第一個五年計劃（簡稱「一五」計劃）是指中共自 1953 年至 1957 年發展國民經濟的計劃。它標誌着中共「計劃經濟」發展策略的開端。該計劃由周恩來、陳雲主持制訂，1952 年開始編制，1955 年 2 月編制完畢。同年 7 月，經全國人大審議通過。

根據「過渡時期總路線」的要求，「一五」計劃有三個基本任務：集中主要力量進行以蘇聯幫助中國設計的 156 個建設項目為中心的、由 694 個大中型建設項目組成的工業建設，建立中國社會主義工業化的初步基礎；發展部分集體所有制的農業生產合作社，並發展手工業生產合作社，以建立對農業和手工業社會主義改造的初步基礎；基本上把資本主義工商業分別納入各種形式的國家資本主義軌道，以建立對私營工商業社會主義改造的基礎。

「一五」時期是中國改革開放前經濟形勢最好的時期。1953 年至 1957 年，中國社會總產值平均每年增長 11.3%，工農業總產值平均每年增長 10.9%，國民收入平均每年增長 8.9%。這樣的發展速度，與同期其他國家相比，也是非常突出的。

當時的宣傳畫

計劃經濟的優點與缺點

優 點

- 有利於保持經濟決策權高度集中，動員各種資源從事現代化建設。
- 有利於發展重工業滿足國防需要，以及應付冷戰時期來自西方陣營的戰爭威脅。

缺 點

- 政府為維持計劃經濟的運轉，需要付出極高的資訊成本。
- 生產者與消費者缺乏直接聯繫，信息不靈通，容易導致供求脫節及宏觀經濟比例失調。
- 經濟決策權高度集中，使生產單位與企業管理者喪失自主性與創造性。
- 缺乏刺激機制提高工人與農民生產的積極性。

「一五」計劃的三個基本任務

- 集中主要力量進行以蘇聯幫助中國設計的 156 個建設項目為中心的、由 694 個大中型建設項目組成的工業建設，建立工業化的初步基礎。
- 發展部分集體所有制的農業生產合作社，並發展手工業生產合作社，建立對農業和手工業社會主義改造的初步基礎。
- 基本上把資本主義工商業分別納入各種形式的國家資本主義軌道，建立對私營工商業社會主義改造的基礎。

3.3 共和國首部憲法的制定

　　1954 年 9 月，第一屆全國人大第一次會議在北京中南海懷仁堂舉行。會議審議與通過了《中華人民共和國憲法》，選舉毛澤東為中華人民共和國主席，朱德為副主席，劉少奇為全國人民代表大會常務委員會委員長，周恩來為國務院總理。各民主黨派領導人和民主人士不再擔任國家副主席和國務院副總理，而集中到全國人民代表大會任職。

　　1954 年制定並頒行的新憲法（簡稱《五四憲法》），是中國第一部社會主義性質的憲法。它包括序言、第一章《總綱》、第二章《國家機構》、第三章《公民的基本權利和義務》和第四章《國旗、國徽、首都》，共 106 條。《五四憲法》提出當時中國人民的總任務，是實現國家的社會主義工業化，完成對農業、手工業和資本主義工商業的社會主義改造，以便逐步過渡到社會主義社會。憲法指出實現過渡時期總任務有三個重要條件：（一）以中共為領導的人民民主統一戰線；（二）國內各民族的友愛互助和團結；（三）中國同蘇聯、各人民民主國家、全世界愛好和平人民的友好團結。憲法闡明「中華人民共和國是工人階級領導，以工農聯盟為基礎的人民民主國家」，「中華人民共和國的一切權力屬於人民。人民行使權力的機關是全國人民代表大會和地方各級人民代表大會」。憲法亦就全國人大、國家主席、國務院、地方各級人民代表大會和地方各級人民委員會、民族自治機關、人民法院和人民檢察院的任務和職權，作了明確規定。

第一屆全國人大會議選舉劉少奇（左圖）為全國人民代表大會常務委員會委員長，周恩來（右圖）為國務院總理。

《共同綱領》與《五四憲法》主要內容之比較

	《共同綱領》（1949 年 9 月）	《五四憲法》（1954 年 9 月）
對國家性質的詮釋	● 共和國為新民主主義國家，由工人階級領導，以工農聯盟為基礎，實行人民民主專政。	● 共和國是工人階級領導的，以工農聯盟為基礎的人民民主國家。
對未來國家發展路向的定位	● 將人民解放戰爭進行到底，解放中國全部領土，完成統一中國的事業。	● 依靠國家機關和社會力量，通過社會主義工業化和社會主義改造，逐步消滅剝削制度，建立社會主義社會。
國家機構的組成	● 國家政權屬於人民。 ● 人民行使國家政權的機關為各級人民代表大會和各級人民政府。	● 共和國的一切權力屬於人民。 ● 人民行使權力的機關為全國人民代表大會和地方各級人民代表大會。 ● 對全國人民代表大會、共和國主席、國務院的職能與組成辦法作了清楚的界定。
經濟政策	● 消滅帝國主義國家在華特權。 ● 強調國營經濟的重要性，凡有關國家經濟命脈和足以操縱國民生計的事業，均應由國家統一經營。 ● 實施土地改革。 ● 保護工人、農民、小資產階級和民族資產階級的經濟利益及其私有財產。	● 優先發展國營經濟。 ● 對富農經濟採取限制和逐步消滅的政策。 ● 以全民所有制代替資本家所有制。
民族政策	● 實行民族平等，禁止民族間的歧視、壓迫和分裂各民族團結的行為，保障各民族的信仰及宗教自由。	● 強調共和國是統一的多民族的國家。 ● 提出各民族均有保持或改革自身的風俗習慣的自由。
外交政策	● 主要原則為保障本國獨立、自由和領土主權的完整，在平等、互利及互相尊重領土主權的基礎上與外國建立外交關係。	● 強調與蘇聯繼續發展和鞏固友誼的重要性。

3.4 農業集體化

建國初期，中共領導人普遍認為，要配合工業化的需要，必須加速農業集體化（又稱「合作化」）進程。土地改革後，各地個體農民開始以自願互利、等價交換的原則，建立臨時互助組或常年互助組進行耕作，得到中央的肯定。至 1952 年底，全國已有互助組 802.6 萬個，參加農戶達 4536.4 萬戶，佔全國農戶總數的 39.9%。

1953 年中央制定了《關於發展農業生產合作社的決議》，規定農村工作的最根本任務，是教育和促進農民逐步組織起來，把個體經濟的積極性引導到互助合作的軌道上，逐步實現農業的社會主義改造，鼓勵互助組向初級社轉化。《決議》要求在「一五」期間，農業生產合作社發展到 80 萬個，參加農戶數目應佔總農戶的 20%。 1954 年底，全國已建立初級社 48 萬個。但因部分地區出現強迫命令，侵犯中農利益的現象，加上國家向農村多徵購 70 億斤糧食，引起部分農民對合作化運動的抵觸和顧慮，出現大量殺豬宰牛、砍伐樹木、聚眾騷動、鬧退社等情。 1955 年 3 月，毛澤東提出「停、縮、發」三字方針，即分不同地區，或停止發展合作社，或實行收縮，或適當發展。

不久，毛澤東對形勢作出新的判斷，突然提出進一步加快合作化進程，並猛烈批判農村工作部部長鄧子恢先鞏固現有的合作社，再求數量上進一步發展的主張。毛要求先全面把高級合作社建立起來，然後再在框架之內力求鞏固。到 1956 年底，全國農村高級生產合作社總數達 73.5 萬個，入社農戶有 11,945 萬戶，佔農戶總數 96% 以上。

農業合作化的宣傳畫

農業集體化的內容

第一階段：互助組

- 類似延安時期互助組的管理。
- 規模只有數十人。
- 對組員個人財產無任何衝擊。

第二階段：初級合作社

- 規模小者十餘戶，大者三十餘戶。
- 由農民把私有土地和耕畜集中，共同勞動，合作社負責規劃耕作。
- 所得收入按工分和投資比例分配。

第三階段：高級合作社

- 規模擴大到 100 戶以上。
- 農民不再擁有私人土地和耕畜，公家有權統一經營和使用這些資源。
- 收入完全按勞分配。
- 社員享有一定的福利及生活保障。

毛澤東

合作化運動要與工業化速度相適應，不宜發展過快；要從小農經濟的現狀出發，不能過急，應當穩步前進。

鄧子恢是「小腳女人」走路、右傾機會主義，「要用大炮轟！」

鄧子恢

3.5 手工業社會主義改造

　　1949 年至 1952 年間，為了恢復生產和解決失業問題，以棉織、針織、服裝鞋帽、鐵木農具、木材及食品加工等行業為重點，已經組織了第一批手工業合作社。對於一般的個體手工業戶，則從供銷入手，通過發原料、收成品，組織大量加工訂貨小組，通過供銷業務，組織生產。1952 年 8 月，中央組織召開第二次全國手工業生產合作會議，總結了各地組織和管理合作社所得的若干經驗，強調在開始組織生產合作社時要深入調查研究，注意原料和產品的供銷是否暢通，防止盲目組織及發展。1952 年底，全國手工業生產合作社（組）由 1949 年的 311 個增加到 3,658 個，社員達 21.8 萬人，佔手工業者總數的 3.1%。

　　「一五」計劃，要求「採用說服、示範和國家援助的方法，逐步地把手工業者引向合作化的道路，使手工業生產合作社成為國營工業的得力助手」。自 1953 年起，政府加快發展合作社的步伐。1955 年 12 月，中共中央召開座談會，劉少奇傳達毛澤東的指示，批評手工業社會主義改造步伐過慢，要求手工業合作化到 1957 年達到 70% 至 80%。1956 年 1 月，北京市採取全市手工業按行業一次批准合作化的辦法，其他城市亦仿效推行。至 1956 年底，全國組織起來的手工業合作社計有 9.91 萬個，社員達到 509.1 萬人，佔全部手工業從業人員的 92%，其中集體手工業產值比 1955 年增長 2.68 倍。至此，手工業基本上實現了從個體經濟到集體經濟的變革。

1949年至1956年中國工業各種經濟成分的變化情況

（以工業總產值為 100，手工業除外）

類別	社會主義工業（即國營工業）	國家資本主義工業			資本主義工業（自產自銷部分）
		合 計	公私合營	加工訂貨	
1949	34.7	9.5	2.0	7.5	55.8
1950	45.3	17.8	2.9	14.9	36.9
1951	45.9	25.4	4.0	21.4	28.7
1952	56.0	26.9	5.0	21.9	17.1
1953	57.5	28.5	5.7	22.8	14.0
1954	62.8	31.9	12.3	19.6	5.3
1955	67.7	29.3	16.1	13.2	3.0
1956	67.5	32.5	32.5	—	—

上表反映的三種主要變化趨向：
- 國營工業的比例逐年上升。
- 公私合營的成分大幅增加。
- 資本主義工業逐漸消亡。

3.6 資本主義工商業的改造

中共對資本主義工商業的改造分兩個步驟：首先是把資本主義轉變為各種不同形式的國家資本主義，然後把國家資本主義轉變為社會主義。「國家資本主義」的主要目的並不是為了資本家的利潤而存在，而是為了供應國家和人民的需要而存在。「國家資本主義」有初級形式和高級形式的區別。初級形式的國家資本主義企業仍由資本家經營，高級形式的國家資本主義就是「公私合營」。從初級形式的國家資本主義發展至高級形式的國家資本主義的過程，也就是國家實現對資本主義工商業的社會主義改造的主要內容。

1950 年代初期，政府開始對棉紗、糧食等農產品實行有計劃的統一收購和供應（即統購統銷），不准私營工廠自行銷售，而是把他們的生產納入政府的計劃內。自 1953 年起，中共開始有計劃地以國營商業代替私營批發商業，積極推行「公私合營」。公私合營企業是由政府或者公私合營企業投資，由政府派幹部同資本家實行合營，企業的領導權操於幹部手上。原有的資本家及其代理人，則經政府任命而參與企業的管理工作。

1955 年下半年，在政府鼓勵及引導下，出現資本主義工商業全行業公私合營的高潮。次年 1 月，北京市工商業者首先提出實行全行業公私合營的申請，各地工商業者紛紛仿效。資本家原來佔有的生產資料歸國家所有，按時收取定額利息作為補償。至 1956 年底，全國已有82.2% 的私營商業戶實現了社會主義改造。

上海永安百貨公司進行公私合營（1956）

資本主義工商業改造的過程

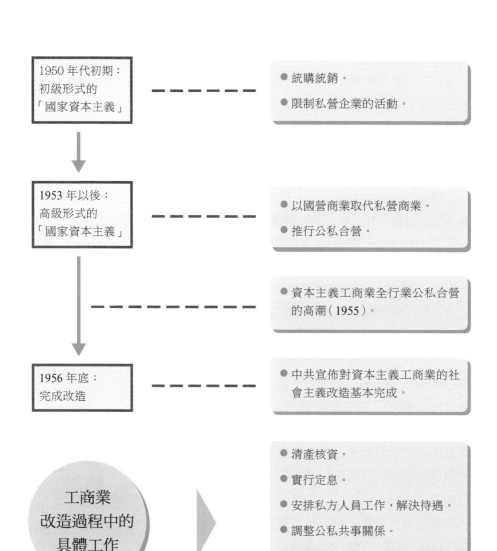

1950 年代初期：
初級形式的
「國家資本主義」

- 統購統銷。
- 限制私營企業的活動。

1953 年以後：
高級形式的
「國家資本主義」

- 以國營商業取代私營商業。
- 推行公私合營。

- 資本主義工商業全行業公私合營的高潮（1955）。

1956 年底：
完成改造

- 中共宣佈對資本主義工商業的社會主義改造基本完成。

工商業改造過程中的具體工作

- 清產核資。
- 實行定息。
- 安排私方人員工作，解決待遇。
- 調整公私共事關係。
- 說服教育工作。
- 企業改組與生產安排。

3.7 和平共處五項原則與萬隆會議

　　韓戰結束後，亞太地區的國際形勢得到紓緩。中國政府提出「和平共處五項原則」，作為中國對外關係的主導思想。1953 年 12 月，周恩來會見參加中印談判的印度代表團時，提出「互相尊重領土主權、互不侵犯、互不干涉內政、平等互惠、和平共處」五點，作為指導兩國關係的基本原則。這五項原則後來正式寫入雙方達成的《關於中國西藏地方和印度之間的通商和交通協定》的序言中。1954 年 6 月下旬，周恩來出訪印度和緬甸。在中印和中緬會談聯合聲明中，中印、中緬共同倡導了和平共處五項原則。

　　1955 年，印尼邀請中國等 25 個國家出席在萬隆舉行的第一次亞非會議。會議主要討論有關民族主義、種族主義問題，增進亞非各國的關係。會議舉行前夕，中國代表團先行人員所包乘的「克什米爾公主號」專機，因被台灣特務放置定時炸彈而墜毀，所幸周恩來、陳毅等人安全抵達印尼。周恩來在會上發言，提出在「互相了解和尊重、互相同情和支持」及「求同和團結」的基礎上，對主要問題達成共同協議，贏得與會代表的讚揚。在中國和大多數與會國努力下，會議一致通過了包括經濟合作、文化合作、人權和自決、附屬地人民問題和關於促進世界和平和合作宣言等部分的《亞非會議最後公報》，確定了指導國際關係的十項原則。這十項原則是和平共處五項原則的引申和發展。會議所顯示的亞非各國團結一致、和平相處、友好合作、共同反對帝國主義與殖民主義，爭取和維護民族獨立，保衛世界和平的精神，被稱為「萬隆精神」。

周恩來與印度總理尼赫魯（右三）共商和平共處五項基本原則

萬隆會議的意義

萬隆會議的影響

- 吹響了民族解放運動的號角，形成 1960 年代非洲國家獨立的高潮。

- 刺激了 1961 年「不結盟運動」的產生。該運動以奉行獨立、自主和非集團的宗旨，支持各國人民爭取和維護民族獨立、捍衛國家主權以及發展民族經濟和民族文化的鬥爭，呼籲第三世界國家加強團結；主張國際關係民主化和建立國際經濟新秩序。

- 對中國的影響：
  1. 為中國贏得國際聲望；
  2. 加強了共和國與新興獨立國家之關係。從 1956 年到 1965 年共有 27 個國家跟共和國建立外交關係，其中有 24 個是亞非國家；
  3. 奠定了當代中國與第三世界國家友好關係之基礎。

和平共處五項基本原則

- 互相尊重主權和領土完整。

- 互不侵犯。

- 互不干涉內政。

- 平等互惠。

- 和平共處。

《亞非會議最後公報》：指導國際關係的十項原則

3.8 八大的召開與工作重心的轉移

　　在三大社會主義改造及第一個五年計劃快要完成之際，1956 年 9 月，中共在北京舉行第八次全國代表大會（簡稱「八大」），出席大會的代表共 1,026 人。毛澤東致開幕詞，劉少奇、鄧小平、周恩來等領導人均作了報告。

　　大會認為，生產資料私有制的社會主義改造基本完成以後，社會主義制度在中國已經基本上建立起來，國內的主要矛盾不再是工人階級和資產階級之間的階級矛盾，而是人民對於經濟文化迅速發展的需要同當前經濟文化不能滿足人民需要狀況之間的矛盾。為解決這一矛盾，必須集中力量發展社會生產力，實現國家工業化，逐步滿足人民的物質文化需要。為此，大會作出了黨和國家工作重心必須轉移到社會主義建設上來的決定，還確定了發展國民經濟第二個五年計劃的基本任務。同時，大會亦指出黨必須經常警戒脫離實際及脫離群眾的危險，發揚黨的群眾路線的傳統。大會主張必須堅持民主集中制的原則和集體領導制度，重申了反對個人崇拜、反對對個人歌功頌德的方針。

　　不少學者認為八大是中國社會主義革命和社會主義建設時期一次具有深遠意義的會議。他們以日後鄧小平時代改革的成功範例為立論基點，強調「八大路線」的正確性，同時指出由於中共對全面建設社會主義的思想準備不足，八大提出的路線和許多正確意見後來沒能在實踐中堅持下來。

劉少奇在中共八大作政治報告。

八大的重要主張

政治方面	● 黨和國家工作的重點必須轉移到社會主義建設。 ● 黨必須堅持實事求是的思想路線。 ● 堅持民主集中制的原則和集體領導制度,反對個人崇拜。 ● 按照「長期共存,互相監督」的方針,加強同各民主黨派和無黨派民主人士的合作,充分發揮各級政協的作用。
經濟方面	● 繼續進行以重工業為中心的工業建設;完成社會主義改造,鞏固和擴大集體所有制和全民所有制。 ● 既要以國家計劃生產為主體,又要以部分產品的自由生產為補充。 ● 既要以國家市場為主體,又要有一定範圍內的自由市場為補充。 ● 既要以國家和集體經營為主體,又要以一定數量的個體經營為補充。
社會文化方面	● 加強民主法制建設,系統地制訂完備的法律。 ● 強調加強思想文化建設的重要性,充分發揮知識分子在國家建設中的作用。

中共八屆一中全會選出的中央領導集體

主　席:毛澤東
副主席:劉少奇、周恩來、朱德、陳雲
總書記:鄧小平

→ 組成政治局常委會

3.9 1957年的整風運動

毛澤東發表《關於正確處理人民內部矛盾的問題》的講話

　　1957年2月，毛澤東在最高國務會議上發表《關於正確處理人民內部矛盾的問題》的講話，把社會主義社會的矛盾分成「人民內部矛盾」及「敵我矛盾」兩類：凡一切贊成、擁護和參加社會主義建設事業的階級和社會集團，都屬於人民的範圍；一切反對社會主義建設的社會勢力和社會集團，都是人民的敵人。三大改造基本完成以後，反革命分子不多了，大量存在的是人民內部矛盾。對「人民內部矛盾」應採用民主的方法去處理，採用「團結—批評—團結」的方法，從團結的願望出發，經過批評或者鬥爭，使矛盾得到解決，從而達到新的團結。他要求所有工廠、商店、學校、機關、團體，都要採用此方法解決內部的矛盾。

整風運動的開始及迅速轉向

　　1956年11月召開的中共八屆二中全會，決定於1957年開展全黨整風。毛澤東於次年2月發表的《關於正確處理人民內部矛盾的問題》的講話，實際上確定了整風運動的主題。1957年3月，在全國宣傳工作會議上，毛澤東再次講話，為整風作動員，並闡述了知識分子改造以及貫徹「百花齊放，百家爭鳴」方針等問題。

　　1957年4月，中共中央正式發出《關於整風運動的指示》，要求各級黨委以正確處理人民內部矛盾為主題，總結和改進工作，檢查官僚主義、宗派主義和主觀主義的現象，幹部應放手鼓勵批評，堅決實行「知無不言，言無不盡；言者無罪，聞者足戒；有則改之，無則加勉」的原則。毛澤東並指示各報紙開放版面，容納各種不同意見出現和相互爭鳴。未幾即因知識分子言論過激，導致整風運動轉變方向以及反右運動的發生。

毛澤東對社會主義社會矛盾的詮釋

敵我矛盾	人民內部矛盾
● 凡一切反對社會主義建設的社會勢力和社會集團，它們的反社會主義活動，應視之為「敵我矛盾」。	● 凡一切贊成、擁護和參加社會主義建設事業的階級和社會集團，它們的矛盾應視之為「人民內部矛盾」。
● 解決方法：實行人民民主專政。	● 解決方法：採用「團結—批評—團結」的方法。

1957年的
整風運動

原因：

● 三大改造完成後，中共內部出現特權思想以及官僚主義、宗派主義和主觀主義等不良作風，中央決定發動群眾向黨提出批評建議，在全黨開展整風運動。

方法：

● 用同志間談心的方式進行，不開鬥爭大會。

● 提倡各級主要領導人員同工農一起參加體力勞動，加強黨同群眾的聯繫。

● 「開門整風」，鼓勵黨外人士發表意見。

結果：

● 因部分知識分子言論過於激進，導致反右運動的發生。

3.10 反右運動及其擴大化

　　整風運動開始後，中共發動群眾和民主黨派人士提出批評與建議，部分知識分子提出共產黨和各民主黨派應該輪流執政、取消學校的黨委制度，認為以馬克思主義作為指導思想「一定要產生教條主義」，倡議設立如西方國家「海德公園」般的自由辯論場所等主張，引起毛澤東等中共領導人的不滿，斷定為「反動分子的猖狂進攻」，遂於 1957 年 6 月發起「反右運動」。毛澤東指示暫時不要批駁「右派分子」的言論，讓其充分暴露，然後再組織力量進行反擊。反右運動先在知識分子集中的高等學校、民主黨派、文藝界、衛生界、新聞出版界以及省、市以上的黨政機關中進行，接着在工商界展開。其後中共中央連續發出指示，進一步把反右運動推向自然科學界和中小學教員，並要求在農村進行社會主義教育運動。運動規模及打擊範圍日益擴大。1958 年底，反右運動結束時，全國約有 55 萬人被劃成「右派分子」，其中絕大多數是被錯劃的。由於運動開始後不久，毛澤東把右派分子定性為「反共反人民反社會主義的資產階級右派」，他們與「人民」的矛盾是「敵我矛盾」，也是「不可調和」及「你死我活的矛盾」，因此被劃為「右派分子」的人都遭到嚴厲對待。中共黨員、共青團員被劃為「右派分子」者，一律開除黨籍或團籍。至 1980 年代，鄧小平承認反右運動雖然有「太過火的地方，應當平反」，但還是要肯定「反右本身沒有錯，問題是擴大化了」。

反右運動始末與影響

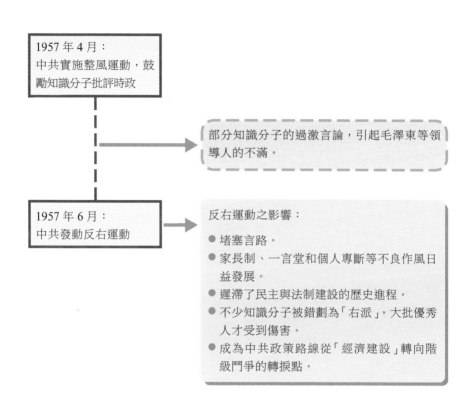

1957 年 4 月：
中共實施整風運動，鼓勵知識分子批評時政

部分知識分子的過激言論，引起毛澤東等領導人的不滿。

1957 年 6 月：
中共發動反右運動

反右運動之影響：

- 堵塞言路。
- 家長制、一言堂和個人專斷等不良作風日益發展。
- 遲滯了民主與法制建設的歷史進程。
- 不少知識分子被錯劃為「右派」，大批優秀人才受到傷害。
- 成為中共政策路線從「經濟建設」轉向階級鬥爭的轉捩點。

毛澤東批評右派言論

這是反動分子的猖狂進攻；這是一場大戰，不打勝這一仗，社會主義是建不成的。

第四章

大躍進與中蘇交惡 (1958-1965)

反右運動後，毛澤東強調中國絕不能走回資本主義的舊路。他決心在斯大林模式的社會主義框架中，繼續探索迎頭趕上歐美先進國家的理想。他相信中國如果能進一步實現社會主義化，生產力便會得到大發展。正是在這種思想主宰下，「社會主義建設總路線」、「大躍進」和「人民公社」的「三面紅旗」被陸續提出並實施。中共中央提出脫離實際的經濟計劃指標，以政治號召鼓勵地方幹部相互攀比，期望取得農業和工業生產的大突破，在此過程中，先後展開人民公社和全民大煉鋼鐵兩大運動，給中國經濟帶來極大的災難。另外，1956年以後，中蘇兩國領導人之思想分歧日益增大，兩國關係日趨惡化，共和國「一邊倒」的外交政策走向終結。

4.1 社會主義建設總路線與大躍進

1957 年，蘇聯成功試射人造衛星與洲際導彈，使毛澤東產生欲與蘇聯成就一較高下的心理。毛澤東回顧過去五年，發現中國工業雖然以高速增長，農業發展卻相對緩慢。「一五」計劃時期，中國仿效蘇聯，把所有資金投向重工業建設。重工業因投資回收緩慢，對改變和提升農民生活助益有限。此外，忽略輕工業發展，無法滿足農民對消費品的需要，農民因而缺乏出售手中農產品的強烈動機，輕工業亦缺乏充裕的原料供應。毛澤東為了突破經濟建設此一瓶頸，期望通過政治動員，發揮農民的積極性和創造性，徹底改變農村的貧窮面貌。1956 年周恩來、陳雲等提出反對急躁冒進的建議，可是毛澤東認為「反冒進」的政策有損群眾的增產熱誠，必須加以批判。1958 年 1 月，中共召開南寧會議，毛澤東把「反冒進」的提倡者批評為「右派」的同路人，周恩來被迫作出自我檢討。從此，再沒有其他中共領導人敢對毛澤東的大躍進政策提出異議。

1958 年 5 月，中共召開八大二次會議，正式制定了「鼓足幹勁，力爭上游，多、快、好、省地建設社會主義」的社會主義建設總路線，批准了「七年趕英，十五年趕美」的「二五」新指標。會後大躍進運動在全國範圍內開展起來。會議發出了「破除迷信，解放思想」的號召，並成為大躍進時期貶低科學知識以及專家作用的依據，產生了助長高指標、瞎指揮和浮誇風等消極作用。

大躍進時期，《人民日報》的一則浮誇的頭版頭條報導。

頌揚大躍進的宣傳畫

大躍進理論之內容

面對的問題

應對方法

- 農村出現大量剩餘勞動力；
- 資金嚴重不足

→

- 以政治運動動員農民增產，在不須增加額外投資的情況下發展農業，進而為城市的工業發展提供資源，使兩者得以同時發展。

- 地方幹部與一般生產者缺乏增產的動力

→

- 經濟部門制定極高的生產指標，並鼓勵其他相關部門，以各種技術革新協助達成高指標。
- 以政治運動與黨的紀律要求幹部與生產者提高積極性。

- 生產技術落後

→

- 既依靠現代化的生產技術，也提倡以傳統的生產工藝來提高產量。
- 不講技術標準，只講「多和快」，「多和快」壓倒了「好和省」。

土法煉鋼漫畫。畫中右上的文字是「土爐出鋼賽海洋，很快超過英國狼」。

4.2 農業與工業的大躍進

農業大躍進的虛報失實

在大躍進運動中，中央政府以能否完成生產指標為考核幹部的標準。部分地方幹部為了實現不可能達成的指標，虛報農作物單位面積產量，在報刊上大肆宣揚。《人民日報》更鼓吹「人有多大膽，地有多大產」、「只要我們需要，要生產多少就可以生產多少糧食出來」，有的科學家還不甘人後，撰文認為稻麥的畝產量有可能達到 4 萬斤，令中共領導人誤信農業大躍進已取得重大成就，於是再度提高生產指標，在農村有大量餘糧的錯誤假設下，國家大幅度提高糧食徵購額，令農村產生糧食危機。

全民大煉鋼鐵

1958 年 8 月，中共中央政治局召開北戴河會議，確定把鋼鐵生產作為首要任務，提出年產 1,078 萬噸鋼的不切實際的計劃指標，要求各省由第一書記掛帥，發動群眾運動達成鋼鐵生產任務。其後中央要求各級黨委廣泛發動群眾，大搞小高爐和土高爐，開展全民性的土法煉鋼煉鐵運動，以補鋼鐵工業生產能力的不足。煉鋼沒有焦煤，就用普通煤炭，沒有高品質的礦石，就用低品質的，沒有礦石，就用家裏做飯的鐵鍋和其他鐵器砸碎作為原料。由於土鐵、土鋼質量差，含硫量高，難以加工利用，形成人力、物力、財政資源的極大浪費，也嚴重影響農業生產。大量原本用於農業的運輸工具和牲畜被用於手工業，使本來已經裝備落後的農業更無可資利用的勞動資料，豐產的秋收作物因無人收穫而腐爛。據估計，當年有大約 10% 的作物沒有歸倉，為日後的大饑荒種下禍根。

「農業大放衛星」宣傳畫

大躍進時期的不實宣傳

人有多大膽，
地有多大產。

某些幹部

只怕想不到，
不怕做不到。

河南省的土高爐
一日能生產 18,694
噸生鐵。

媒體

河南省遂平縣衛星
農業社的小麥畝產
量達 7,320 斤。

湖北省麻城縣麻
溪河鄉早稻的畝
產量達 36,900 斤。

土法大煉鋼

4.3 人民公社

　　農村人民公社的出現，可以追溯到農業集體化中曾大力推行的建「大社」的思想和實踐。早在 1955 年下半年，毛澤東在《中國農村的社會主義高潮》一書中，已寫了不少提倡辦大社的按語。他一向認為只有在農業已經形成大規模經營的基礎上，才有可能大量使用農業機器、化肥、電力及現代運輸工具，故此主張通過併社升級，不斷改變生產關係，解放農村生產力，推動農業生產發展。毛澤東少年時代曾閱讀過康有為的《大同書》。大躍進時期毛澤東多次提出廢除家庭的主張，並極力稱讚人民公社大辦公共宿舍、公共食堂等設施，與《大同書》所提倡的理想社會內容雷同。毛澤東認同《大同書》的理想，批評康有為找不到一條到「大同」的路，認為自己終於在大躍進、人民公社運動中，找尋到一條通往「大同」的捷徑。

　　1958 年 3 月間，毛澤東在成都會議上提出中國是否可以一個省首先推行共產主義的問題。成都會議提倡將農業合作社合併為「大社」，同年 3 月，河南省新鄉縣七里營成立中國第一個農村人民公社，4 月間，河南省遂平縣嵖岈山衛星社，由 27 個小社合併成大社，草擬了一份《試行簡章》。該社後來成為中央推廣小社併大社經驗的典型。其後中共中央正式下發文件，推動公社化運動的迅速發展。至 1958 年 10 月，參加公社的農戶已佔全國總農戶的 99% 以上。

人民公社的社員集體戴上毛主席像章

人民公社之特點與弊端

人民公社的
特點與弊端

特點：

- 規模大：基本上是一鄉一社。
- 政社合一：公社是國家政權的基層單位。
- 公有化程度高：實行全公社的統一核算，幹部可隨時調用農民的財產。
- 大兵團作戰的勞動生產方式：把勞動力編成排、連、營、團，由公社統一調配。
- 工資制和供給制相結合的分配制度：除發放少量工資外，大部分實行按人均供給實物的制度，具有典型的平均主義色彩。
- 生活集體化：興辦公共食堂、幼兒園、託兒所、幸福院（即老人院）。

弊端：

- 公社權力過大，基層生產單位沒有經營自主權，未能因應現實需要調節生產。
- 過度平均主義形成「大鍋飯」風氣，影響社員生產的積極性。
- 人民公社的福利主義造成巨大浪費。

人民公社宣傳畫

4.4 盧山會議

大煉鋼鐵、人民公社化所產生的嚴重弊端，至 1958 年下半年已漸為中央察覺。毛澤東認為只要澄清和解決人民公社實際工作中的問題，全國就可以全力展開新的「大躍進」。1959 年 7 月，中共中央政治局在江西盧山召開擴大會議，研究解決工作中的問題。

國防部長彭德懷會前曾巡視河北、青海、湖南等地，發現了幹部的舞弊與農民的苦況，於會議結束前向毛澤東寫了一封私人信件，批評「浮誇風吹遍各地區各部門」，要求繼續糾正「左」的錯誤。毛澤東將彭德懷的信加了「意見書」的標題，印發給與會成員討論。他認為彭德懷的批評不止是針對執行層面的批評，也是對他的思想和政治領導的全面攻擊。加上當時蘇聯領導人赫魯曉夫含沙射影地批評人民公社是「平均主義」，「破壞共產主義的聲譽」，會議前夕彭德懷曾出訪蘇聯，故此毛澤東認定他是有備而來，毛澤東在會上對彭德懷信中的一些觀點予以批判，引導與會成員集中批判彭德懷。

1959 年 8 月中共召開八屆八中全會，把彭德懷及對其言論作出肯定的與會者列作「反黨集團」進行批判，將反右傾運動推向全黨。凡是對大躍進有異議的幹部和黨員，尤其是主張把基本核算單位降到生產小隊，或是實行包產到戶以及包產到生產小隊的幹部，都有可能被戴上「右傾機會主義分子」、「右傾反黨集團」等帽子，遭受群眾批鬥。從此「大躍進」的歪風變本加厲。1960 年 1 月，中共中央在上海召開政治局擴大會議，否定了盧山會議前對高指標的壓縮，反而制定更高指標，浮誇風再度泛起。

彭德懷上書內容摘要

- 大躍進的成績應當肯定，但 1958 年的基本建設，有些項目是過急過多了一些。1959 年不僅沒有把步伐放慢饅一點，而且繼續大躍進，不平衡現象沒有得到及時調整，增加了新的暫時困難。

- 過去一個時期，在思想方法和工作作風方面，暴露出不少值得注意的問題。浮誇風氣普遍地滋長起來。小資產階級的狂熱性。

- 政治掛帥不可能代替經濟法則，更不能代替經濟工作中的具體措施。

毛澤東

右傾機會主義分子，要對黨進攻。

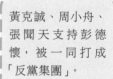

黃克誠、周小舟、張聞天支持彭德懷，被一同打成「反黨集團」。

彭德懷

浮誇風、小高爐等等不過是表面現象，缺乏民主、個人崇拜才是一切弊病的根源。

4.5 三年經濟困難時期

　　由於 1958 年的大躍進運動及 1959 年的反右傾運動、嚴重的自然災害和蘇聯政府突然撕毀大批建設合同，1959 年至 1961 年，出現了中國三年的嚴重經濟困難。由於工業建設發展過急，嚴重地擠壓了農業；政府工業投資比例失調，增加了重工業的投資，形成輕工業總產值連續下降，影響民生。政府為了支持大躍進而發行過量貨幣，又導致物價上漲。物資和糧食短缺造成大饑荒，據統計，1960 年全國人均年糧食消費量比上年減少 46 斤，降為 327 斤；食油的人均年消費量比上年減少 0.8 斤，降為 3.7 斤；豬肉的人均年消費量比上年減少 2.9 斤，降為 3.1 斤。由於糧食嚴重短缺，不少農村地區出現浮腫病甚至病餓而死等現象。1958 年至 1963 年間，全國非正常死亡人數多達 2,100 多萬。

相關鏈接：信陽事件

1959 年至 1960 年發生在河南省信陽地區以大量非正常死亡人口為顯著特徵的事件。1958 年河南省糧食實際產量只有 281 億斤，河南省委竟上報為 702 億斤，國家下令向農民徵購多餘糧食，基層幹部無法完成徵購任務，唯有用盡各種殘酷方法向農民逼糧。情況尤以信陽地區最為嚴峻，導致全區餓死人數超過 70 萬。毛澤東下令徹查「信陽事件」，把事件定性為「階級報復」、「違法亂紀」的「反革命復辟」，嚴懲信陽地區的幹部。

大饑荒之成因

糧食產量的急劇下降：
1958 年全國的糧食產量從 2 億噸急劇下降到 1959 年的 1.7 億噸，1960 年繼續下降到 1.44 億噸。

大饑荒產生之成因

大躍進時期的政治氣氛：
在上級黨組織的壓力下，農村幹部謊報農業產量。各級官僚機構刮起所謂「浮誇風」，使國家領導人得到的產量數字遠超實際產量。在農村有大量餘糧的錯誤假設下，國家大幅度提高糧食徵購定額，發動「反瞞產」運動，繼續從農村大量徵購糧食。

官僚主義：
許多地方幹部誇大糧食產量，為免承擔政治責任，又極力掩飾糧食危機。在繼續反對「右傾機會主義者」的政治環境下，部分地方幹部向上級隱瞞了農民的苦況，不少災民因營養不良而死亡。

4.6 國民經濟的調整與「七千人大會」

　　自 1960 年起，大饑荒的災情日趨嚴重，中共領導人不得不採取補救措施。1961 年中共召開八屆九中全會，正式提出對國民經濟實行「調整、鞏固、充實、提高」的八字方針。政府下令工業部門應把支援農業的任務放在首要地位，同時決定降低城鄉人民的口糧標準，大力發展瓜菜和代用食品，補充口糧的不足。後中共中央發佈文件，明確規定生產隊對生產小隊實行包工、包產、包成本和超產獎勵制度；允許社員經營少量的自留地和小規模的家庭副業，恢復農村集市貿易。公社不可無償調用下級的勞動力和物資，亦要保障社員個人所有的一切生活資料。經過調整，大饑荒的災難得到緩和，中國經濟亦逐漸得到恢復。

　　1962 年 1 月，中共在北京召開擴大的中央工作會議，出席者包括全國各級幹部共七千多人，故亦稱為「七千人大會」。會議強調當前的主要任務是做好國民經濟的調整工作。會上劉少奇的發言間接承認大饑荒的部分原因是「三分天災，七分人禍」，毛澤東作出檢討說：「凡是中央犯的錯誤，直接的歸我負責，間接的我也有份，因為我是中央主席。」林彪卻發言表示毛澤東的思想總是正確，這幾年發生的錯誤和困難，正是由於各級幹部未有按照毛澤東的指示去做，或者是用「左」的思想或者用「右」的思想「干擾」了他的緣故。會後毛澤東對林彪表示讚賞。從此林彪的政治影響力日漸增大，成為毛澤東發動文化大革命的得力助手。

國民經濟調整工作的內容

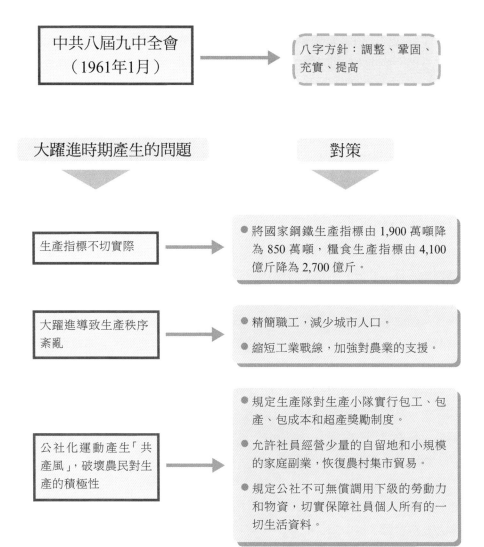

中共八屆九中全會
（1961年1月）

八字方針：調整、鞏固、
充實、提高

大躍進時期產生的問題

對策

生產指標不切實際

- 將國家鋼鐵生產指標由 1,900 萬噸降為 850 萬噸，糧食生產指標由 4,100 億斤降為 2,700 億斤。

大躍進導致生產秩序紊亂

- 精簡職工，減少城市人口。
- 縮短工業戰線，加強對農業的支援。

公社化運動產生「共產風」，破壞農民對生產的積極性

- 規定生產隊對生產小隊實行包工、包產、包成本和超產獎勵制度。
- 允許社員經營少量的自留地和小規模的家庭副業，恢復農村集市貿易。
- 規定公社不可無償調用下級的勞動力和物資，切實保障社員個人所有的一切生活資料。

4.7 中蘇關係的微妙變化

建國初年，中國奉行向蘇聯「一邊倒」的外交政策，但自 1950 年代末期起，中蘇關係卻日趨緊張。自中共建黨以來，蘇聯提供了大量的資金和物資上的支援，並以共產國際的名義，派遣顧問來華指導中共發展，故兩黨之間一直存在着不對等關係。自 1949 年後，中蘇關係依然保留着歷史遺留下來的不平等因素，並且由於冷戰的影響及斯大林在國際共產主義運動的領導地位，這種不平等因素得到進一步加強。另一方面，近代中國備受西方列強的侵略與欺凌，形成了中共領導人強烈的民族屈辱感和在國際事務中的高度敏感性。毛澤東對斯大林的世界革命領袖地位，雖然從未提出過正面挑戰，但他對於斯大林在他面前不時顯露的優越感，卻是心懷不滿。斯大林死後，他對斯大林提出過各種強烈批評。

赫魯曉夫在 1956 年 2 月蘇共第二十次全國代表大會閉幕時作秘密報告，批判斯大林，此後又對斯大林時代的政策進行大幅度改革。毛澤東對他的做法持保留意見，並開始相信共產主義意識形態的中心已經從蘇聯轉移到中國來了。因此毛澤東不時向蘇共暗示，蘇聯今後在社會主義國家的中心地位，需要中共支持和肯定才能生效。由於朝鮮戰爭大大地提高了毛澤東和中共在社會主義陣營中的地位和影響，故赫魯曉夫執政後，為了加強對華關係，有意增加對華援助，派出更多專家來華工作。波蘭和匈牙利相繼發生反蘇事件，中共全力支持蘇聯，從中調解危機。

赫魯曉夫與毛澤東

1950年代毛澤東「蘇聯觀」的演變

斯大林當政時代 →
- 自中共建黨之初，中共即接受蘇聯援助，中共與蘇共處於不平等地位。
- 由於冷戰的影響及斯大林在國際共產主義運動的領導地位，這種不平等關係得到進一步加強。

赫魯曉夫當政時代 →
- 赫魯曉夫秘密批判斯大林暴政，又大幅度改革斯大林時代的政策。毛澤東對赫魯曉夫的做法持有保留意見，開始相信共產主義意識形態的中心已經從蘇聯轉移到中國來。
- 毛澤東認為蘇聯今後在社會主義國家的中心地位，需要中共支持和肯定才能生效。

在蘇聯偉大的援助下，我們將盡最大的努力，逐步地實現國家工業化！

關於中蘇友好的宣傳畫

4.8 中蘇交惡經過

1958 年初，蘇聯建議要在中國領土和領海上，建立中蘇共有共管的長波電台和共同艦隊，被毛澤東嚴詞拒絕。同年 8 月，赫魯曉夫訪華後，毛澤東在未有知會蘇聯的情況下，下令砲轟金門，引致赫魯曉夫的極度不滿，擔心中國的行為可能把蘇聯捲入戰爭的漩渦中。此外，因為中國方面對「人民公社經驗」的大力宣傳，不少東歐國家意圖仿效中國。為了維持自身在意識形態方面的領導地位，蘇共領導人開始批評人民公社的做法，令毛澤東難以容忍。

1959 年 3 月，西藏發生叛亂，中央派兵平叛，達賴喇嘛逃亡印度。印度總理尼赫魯（Jawaharlal Nehru）指責中國「武裝干涉」西藏，中國政府對此嚴加駁斥。中印兩國的軍隊在邊界不斷發生衝突。當時赫魯曉夫正刻意改善印蘇兩國關係，故會見中共領導人時，批評中共故意挑起中印衝突，意圖把蘇聯捲進去。

1960 年 4 月，中共中央理論刊物《紅旗》雜誌發表《列寧主義萬歲》一文，間接駁斥赫魯曉夫等蘇共領袖「東西方可和平共處」的言論。蘇聯則突然於 1960 年 7 月，宣佈撤回所有蘇聯在華顧問，單方面撕毀中蘇簽訂的協議和合同。爾後中共與蘇共之間展開論戰，兩黨均自以為是馬列主義的正統，互不相讓。中共斥責蘇聯為「修正主義」，批評蘇聯背棄馬列主義，指責蘇共已蛻化成為新型官僚階級，讓國內資本主義悄悄復辟，實現了美國「和平演變」的預言。

中蘇交惡時期的宣傳畫

中蘇交惡時期
赫魯曉夫與毛澤東的思想分歧

VS

赫魯曉夫　　　　　　　　　　　　毛澤東

蘇聯在社會主義陣營中應繼續扮演領導角色。 中國應該跟蘇聯平起平坐。

蘇聯與中國應共建共管長波電台及核潛艇艦隊。 中蘇兩國固然需要合作，但必須顧及中國的主權問題及民族感情。

資本主義陣營和社會主義陣營和平共處的局面，主要是依靠美國與蘇聯領導人通過談判來實現。 和平共處局面的出現，必須有賴於社會主義陣營的壯大和殖民地人民鬥爭的發展。

不能不經過社會主義發展階段就從資本主義跳到共產主義，中國的人民公社構想並不可行。 大躍進、人民公社是人類社會通往共產主義的捷徑。

4.9 中蘇邊界糾紛與中國的「三線建設」

中蘇邊界糾紛

　　中蘇友好時期，兩國存在已久的邊界爭議被掩蓋起來。自中蘇交惡後，雙方互不退讓，對邊界問題的處理手法日趨強硬，導致邊界糾紛的爆發。兩國僅於 1963 年在新疆和黑龍江等地就發生了 4,000 多宗涉及邊界糾紛的事件。其後勃列日涅夫（Brezhnev）出掌大權，不斷在邊界增派軍隊，對中國邊防構成巨大壓力。

「兩個中間地帶理論」的提出

　　面對蘇聯的威脅，中國領導人為取得外交突破，提出「兩個中間地帶理論」，實行「反帝反修的國際統一戰線戰略」。1964 年毛澤東與日本共產黨代表會談時提出：美國與蘇聯之間存在兩個中間地帶，亞洲、非洲、拉丁美洲為第一個中間地帶，歐洲、加拿大、澳大利亞、新西蘭和日本等為第二個中間地帶。隨後中國全力爭取中間地帶國家的友誼，大力援助亞洲與非洲國家的獨立運動，儘管國內經濟困難，仍然積極援助北韓、北越和阿爾巴尼亞等弱小國家。

「三線建設」計劃的推行

　　中國為了防備美國和蘇聯可能實施的襲擊，從 1964 年起開展為期八年的三線建設，即把中國從沿海和沿邊到內陸分為三道防線，將沿海一線易受攻擊的工廠遷移到內陸，在內陸的三線地區建立完整的重工業和國防工業體系。「三線建設」固然有助對中國西部的開發，可是由於三線建設的基本原則是備戰，依據的原則是靠山、分散、隱蔽（進洞），因此勞動生產率和資金利用率相對低下，對改善人民生活的助益相當有限。

中蘇交惡經過

 事件

 事件背後的意義

1958 年初：
長波電台與聯合艦隊事件

標示着中蘇兩國領導人在國家主權問題上的矛盾。

1958 年 8 月：
解放軍炮擊金門

毛澤東在事前未有知會蘇聯，加深蘇聯對中國的誤解。

1959 年：
赫魯曉夫在中印衝突中偏祖印度

標示着中蘇兩國領導人在外交政策上出現嚴重分歧。

1960 年 4 月：
《紅旗》雜誌發表《列寧主義萬歲》一文，間接駁斥赫魯曉夫等蘇共領袖「東西方可和平共處」的言論

把中蘇兩國的嚴重分歧公開化。

1960 年 7 月：
蘇聯突然宣佈撤回所有蘇聯在華顧問

引起中蘇關係急速惡化。

1961 年底以後：
兩黨罵戰逐步升級

中蘇關係全面破裂。

4.10 社會主義教育運動

社會主義教育運動，又稱「四清」運動。其前期是在城鎮開展「五反」（反貪污盜竊、反投機倒把、反鋪張浪費、反分散主義、反官僚主義），在農村進行「四清」（清工分，清賬目，清財務，清倉庫，又稱「小四清」）；後期擴展為清政治、清經濟、清組織、清思想，城鄉統稱「四清」運動，又稱「大四清」。

1961 年安徽等地的部分農村，為了度過大饑荒的危機，實行各種形式的「包產到戶」。但是毛澤東卻認為實行「包產到戶」與「分田單幹」，無疑就是要在農村走資本主義的道路。因此在 1962 年中共八屆十中全會上，毛澤東重提階級鬥爭問題，宣稱在整個社會主義歷史階段中，資產階級都將存在和企圖復辟，成為黨內產生「修正主義」的根源，階級鬥爭要年年講，月月講，天天講，主張在全國城鄉進行社會主義教育運動。

在運動中，部分省委聲稱農村中的階級鬥爭非常嚴重，導致毛澤東在 1964 年 5、6 月在北京召開的中央工作會議上，判定「我們這個國家有三分之一的權力不掌握在我們手裏」。1965 年 1 月，毛澤東主持制定了《農村社會主義教育運動中目前提出的一些問題》（即《二十三條》），再度提出社教運動的性質是「社會主義和資本主義的矛盾」，重點為整頓「黨內那些走資本主義道路的當權派」。「走資派」作為革命主要對象的提出，直接為後來的文化大革命作出準備，也表明毛澤東把注意力和鬥爭矛頭指向黨內和黨的領導機關。至 1965 年底，全國約有三分之一的縣、社進行了社教運動。

社會主義教育運動及其影響

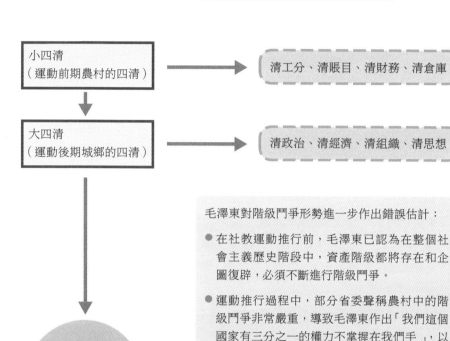

小四清
（運動前期農村的四清）

清工分、清賬目、清財務、清倉庫

大四清
（運動後期城鄉的四清）

清政治、清經濟、清組織、清思想

社會主義教育
即「四清」運動

毛澤東對階級鬥爭形勢進一步作出錯誤估計：

● 在社教運動推行前，毛澤東已認為在整個社會主義歷史階段中，資產階級都將存在和企圖復辟，必須不斷進行階級鬥爭。

● 運動推行過程中，部分省委聲稱農村中的階級鬥爭非常嚴重，導致毛澤東作出「我們這個國家有三分之一的權力不掌握在我們手」，以及中共黨內存在「走資派」的論斷。

擴大了毛澤東與劉少奇之間的分歧：

● 由於受到錯誤估計的影響，毛澤東認定黨內至少存在社會主義與資本主義兩個派別，提出要整黨內走資本主義道路的當權派。

● 劉少奇則不贊成整黨內當權派的提法，主張一切從實際出發。

● 毛澤東對劉少奇產生懷疑，埋下他發動「文化大革命」的種子。

4.11 意識形態的大批判與「文化革命五人小組」的成立

　　毛澤東一向強調意識形態的階級鬥爭問題。他於 1962 年的中共八屆十中全會上提出：「凡是要推翻一個政權，總要先造成輿論，總要先做意識形態方面的工作，革命的階級是這樣，反革命的階級也是這樣。」由於他認為反革命勢力即將復辟，文藝界狀況卻不能令人滿意，因此主張對文藝界進行大批判。1963 年 3 月，毛澤東的妻子江青得到上海市委第一書記柯慶施的支持，在上海發動對昆曲《李慧娘》和廖沫沙《有鬼無害論》文章的批判。1963 年底，毛澤東更批評文化部的《戲劇報》專門宣傳牛鬼蛇神，文化部本身也快要變成「帝王將相部」、「才子佳人部」或「外國死人部」。其後政治局候補委員康生和江青又把電影《早春二月》、京戲《謝瑤環》等文藝作品說成是「大毒草」，展開批判並禁演。

　　按照毛澤東的指示，中共中央在 1964 年夏天成立「文化革命五人小組」，成員包括彭真（政治局委員兼北京市委書記）、陸定一（政治局候補委員兼中央文教小組組長）、康生（政治局候補委員兼政治理論小組組長）、周揚（中央宣傳部副部長）和吳冷西（人民日報社總編輯），由彭真出任組長，專門負責文藝界的整風事宜。在毛澤東指示下，各級學校的階級和政治教育受到特別強調，校園中彌漫着階級鬥爭的空氣。小組通過黨的文宣部門，點名批判著名的黨內知識分子，譬如哲學家馮定和楊獻珍、史學家翦伯贊、經濟學家孫冶方，批評他們宣傳資產階級思想、提倡階級調和，鼓吹物質獎勵。「五人小組」後因試圖將已展開的政治批判運動約束在學術討論的範圍之內，引起毛澤東不滿，遂被撤銷。

「文革」前毛澤東對文藝界的批評

各種藝術形式——戲劇、曲藝、音樂、美術、舞蹈、電影、詩和文學等等，問題不少、人數很多，社會主義改造在許多部門中，至今收效甚微，許多部門還是「死人」統治。

許多共產黨人熱心提倡封建主義和資本主義的藝術，卻不熱心提倡社會主義的藝術，豈非咄咄怪事。

大部分的全國文聯和各協會和它們「所掌握的刊物的大多數基本上不執行黨的政策，做官當老爺，不去接近工農兵，不去反映社會主義的革命和建設。最近幾年，竟然跌到修正主義的邊緣。如不認真改造，勢必在將來的某一天，要變成像匈牙利裴多菲俱樂部那樣的團體」。

| 文化革命五人小組 | ➔ | 彭真、陸定一、康生、周揚、吳冷西 |

「文化大革命」給不少中國人留下難忘的回憶。1966年毛澤東藉着批判《海瑞罷官》一劇，揭開文化大革命的序幕，隨後鼓勵及縱容紅衛兵的破壞活動，打倒他眼中所謂的「走資派」，並支持各地造反派的奪權活動，造成毛澤東自己所謂的「天下大亂」的局面。至1968年，毛澤東開始謀求恢復社會秩序，號召知識青年「上山下鄉」，出動軍隊收拾局面。1969年4月，中共召開九大，全面肯定文化大革命，同時致力重建各地的中共黨組織，文化大革命的第一階段宣告結束。

第五章

文化大革命（上）(1966-1969)

5.1 毛澤東發動「文革」的原因

追求毛澤東所憧憬的社會主義目標

　　毛澤東發動「文革」有兩方面的動因：一是追求他所理想的社會主義的目標；二是認為自己已大權旁落，而急於追回。兩種因素緊密地交融在一起。毛澤東心中的理想新世界，是一個高揚革命精神，擺脫物質追求，思想不斷「純化」的新天地。他認為大抓階級鬥爭和「鬥私批修」是實現社會主義的不二法門。為了實現理想社會主義的目標，必須進行持續的階級鬥爭。在經濟和社會層面，就是不斷提高「公有制」的含量；在思想和政治層面，則是不斷清除各種「剝削階級和一切非無產階級的思想」，培養無產階級新人，而鬥爭的主要對象就是「走資本主義道路的當權派」和受過資產階級教育的知識分子。當時毛澤東對主持中央工作的劉少奇所推行的一系列政策感到非常不滿。高中級幹部呼籲為彭德懷平反與劉少奇聲望的提升，也給毛澤東帶來了不小壓力。

重新奪回失去的權力

　　毛澤東發動「文革」也有拿回他感到已旁落的大權的動機。1964 年 12 月，劉少奇和毛澤東就「四清」問題發生爭論，在毛的眼中，劉少奇的行為是他想取代毛澤東地位意圖之表露。毛澤東自以為就是黨和革命的化身，怠慢了他、與他發生口角，其實質就是怠慢了革命。毛澤東將 1960 年代以來各種不符合他心意的現象加以綜合化，得出的結論是，自己的話在中國已不管用了。他主觀地認為只有打倒以劉少奇為首的「修正主義」勢力，奪回自己失去的權力，才能繼續實現社會主義的理想。為此他下定決心，發動他所主觀設想的「無產階級文化大革命」。

毛澤東的思想動態

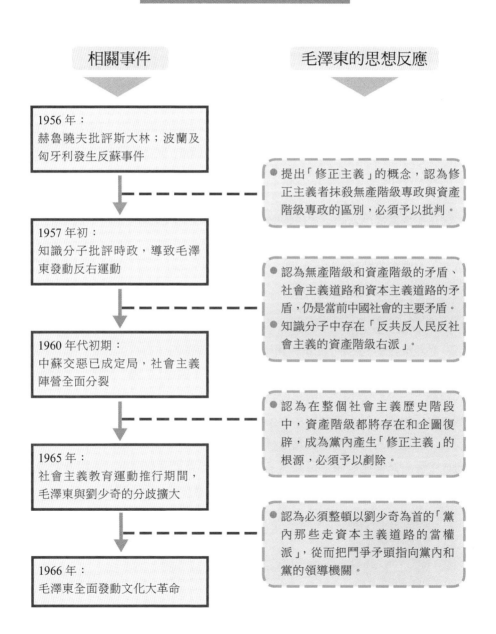

相關事件

毛澤東的思想反應

1956 年：
赫魯曉夫批評斯大林；波蘭及匈牙利發生反蘇事件

● 提出「修正主義」的概念，認為修正主義者抹殺無產階級專政與資產階級專政的區別，必須予以批判。

1957 年初：
知識分子批評時政，導致毛澤東發動反右運動

● 認為無產階級和資產階級的矛盾、社會主義道路和資本主義道路的矛盾，仍是當前中國社會的主要矛盾。
● 知識分子中存在「反共反人民反社會主義的資產階級右派」。

1960 年代初期：
中蘇交惡已成定局，社會主義陣營全面分裂

● 認為在整個社會主義歷史階段中，資產階級都將存在和企圖復辟，成為黨內產生「修正主義」的根源，必須予以剷除。

1965 年：
社會主義教育運動推行期間，毛澤東與劉少奇的分歧擴大

● 認為必須整頓以劉少奇為首的「黨內那些走資本主義道路的當權派」，從而把鬥爭矛頭指向黨內和黨的領導機關。

1966 年：
毛澤東全面發動文化大革命

5.2 「天下大亂，達到天下大治」

重新建立毛澤東的個人領導

　　毛澤東發動文化大革命的策略，可概括為由「天下大亂」達到「天下大治」。1966年「文革」爆發後不久，毛澤東給江青寫信，信中提及「天下大亂，達到天下大治」，強調此次文化大革命是「一次認真的演習」，目標在於「打倒右派」。毛澤東領導「文革」的具體形式是，在黨的垂直領導機器之外，設立「中央文革小組」，通過重組黨的宣傳媒介，建立一個領袖與人民直接對話的新渠道，在這個新形式中，將實現領袖與人民的直接交流，而毛澤東將以人民的化身來指導革命。他認定黨組織已被以劉少奇為代表的「修正主義者」所控制，他們最擅長的就是把他的一切設計加以過濾和改造，使之適合於他們的需要。毛澤東不願意再做「牌坊」，他要重新回到中央領導的第一線，發動「人民」的力量徹底改革舊體制。

直接動員民眾進行「文革」

　　毛澤東發動「文革」的策略與過去中共整黨的做法有相近之處，最大的差異是否定黨組織的領導。他要求群眾動員起來，通過「大鳴、大放、大字報和大辯論」，暴露「走資派」的真面目。他建議的方法是批判和自我批判，一方面由群眾批判，另一方面則由幹部自我批判。幹部面對批判，必須深入自我反省，認錯檢討。毛澤東認為這樣做，一方面可以訓練紅衛兵如何當革命接班人，另一方面則是讓官員接受考驗。毛澤東意識到群眾批判一定會有過火行為，整個過程會帶來混亂，但他深信最後必會形成一個新世界。

> 無產階級文化大革命是一場觸及人們靈魂的大革命。實現這一場大革命，要用文鬥，不用武鬥。

毛澤東發動的「無產階級文化大革命」

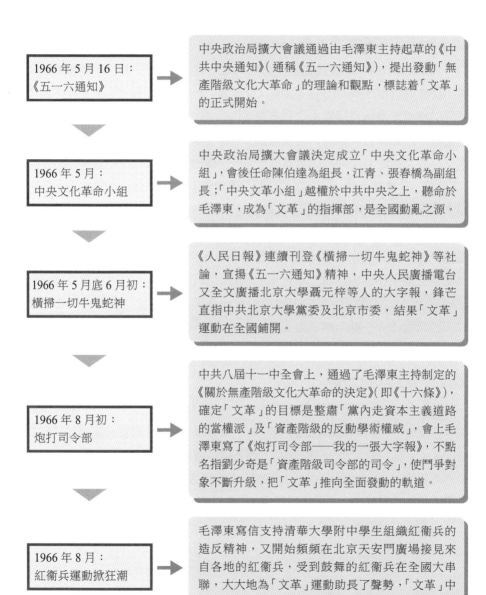

1966 年 5 月 16 日： 《五一六通知》	中央政治局擴大會議通過由毛澤東主持起草的《中共中央通知》（通稱《五一六通知》），提出發動「無產階級文化大革命」的理論和觀點，標誌着「文革」的正式開始。
1966 年 5 月： 中央文化革命小組	中央政治局擴大會議決定成立「中央文化革命小組」，會後任命陳伯達為組長，江青、張春橋為副組長；「中央文革小組」越權於中共中央之上，聽命於毛澤東，成為「文革」的指揮部，是全國動亂之源。
1966 年 5 月底 6 月初： 橫掃一切牛鬼蛇神	《人民日報》連續刊登《橫掃一切牛鬼蛇神》等社論，宣揚《五一六通知》精神，中央人民廣播電台又全文廣播北京大學聶元梓等人的大字報，鋒芒直指中共北京大學黨委及北京市委，結果「文革」運動在全國鋪開。
1966 年 8 月初： 炮打司令部	中共八屆十一中全會上，通過了毛澤東主持制定的《關於無產階級文化大革命的決定》（即《十六條》），確定「文革」的目標是整肅「黨內走資本主義道路的當權派」及「資產階級的反動學術權威」，會上毛澤東寫了《炮打司令部——我的一張大字報》，不點名指劉少奇是「資產階級司令部的司令」，使鬥爭對象不斷升級，把「文革」推向全面發動的軌道。
1966 年 8 月： 紅衛兵運動掀狂潮	毛澤東寫信支持清華大學附中學生組織紅衛兵的造反精神，又開始頻頻在北京天安門廣場接見來自各地的紅衛兵，受到鼓舞的紅衛兵在全國大串聯，大大地為「文革」運動助長了聲勢，「文革」中紅衛兵的造反破壞活動致使全中國陷入大動亂中。

5.3 文化大革命的導火線

姚文元的《評新編歷史劇〈海瑞罷官〉》

1965 年年初，江青找姚文元執筆，寫成《評新編歷史劇〈海瑞罷官〉》一文，發表於同年 11 月 10 日上海的《文匯報》上。《海瑞罷官》是北京市副市長吳晗應毛澤東秘書胡喬木之邀撰寫，內容描述明代名臣海瑞任巡撫時，不畏權貴，處死作惡多端的大臣徐階之子，不怕被嘉靖皇帝罷官下獄的故事。姚文元的文章經毛澤東閱讀後同意發表。文章把《海瑞罷官》一劇中「退田」、「平冤獄」等情節，同 1962 年的所謂「單幹風」、「翻案風」聯繫起來，聲稱劇本的內容就是當前階級鬥爭的焦點。文章在上海《文匯報》發表後，《人民日報》、《解放軍報》和《光明日報》拒絕全文轉登。毛澤東通過周恩來傳來指示，彭真方下令予以轉載。以彭真為首的文化革命五人小組，認為應把姚文元文章所引起的討論加以限制，因而起草了《向中央政治局常委彙報的提綱》(即《二月提綱》)。此提綱試圖把已經開展來的批判運動約束在學術討論的範圍內，不贊成把它變成嚴重的政治批判，而學術討論要堅持實事求是，以理服人。

部隊文藝工作座談會

與此同時，江青在得到林彪同意後，1966 年 2 月在上海主持「部隊文藝工作座談會」。會後有關人員整理出一份《紀要》，毛澤東對這份文件作了三次修改。《紀要》提出「黑線專政論」，倡言自建國以來，「文化戰線上存在着尖銳的階級鬥爭」，必須堅決進行一場文化戰線上的社會主義大革命。文件於 4 月份由中共中央轉發，要求各級黨委「認真研究，貫徹執行」。

文化大革命的爆發經過

 事件

 事件背後的意義

1965年11月：
《評新編歷史劇〈海瑞罷官〉》在
上海《文匯報》發表

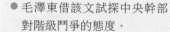

- 毛澤東借該文試探中央幹部
  對階級鬥爭的態度。

1966年2月：
「文化革命五人小組」起草《二
月提綱》

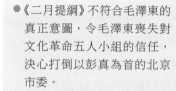

- 《二月提綱》不符合毛澤東的
  真正意圖，令毛澤東喪失對
  文化革命五人小組的信任，
  決心打倒以彭真為首的北京
  市委。

1966年4月：
《部隊文藝工作座談會紀要》以
中共中央文件的形式下達

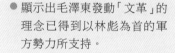

- 顯示出毛澤東發動「文革」的
  理念已得到以林彪為首的軍
  方勢力所支持。

1966年5月：
毛澤東致函林彪——《五七指
示》

- 成為「文革」十年間政府施
  政的綱領性文獻。
- 標示了解放軍在「文革」初
  期的特殊地位。

1966年5月：
中共中央政治局擴大會議通過
《五一六通知》

- 撤銷文化革命五人小組，重
  新成立「中央文化革命小組」。

5.4 《五一六通知》與《五七指示》

新「中共中央文革小組」的成立

1966 年 4 月毛澤東在杭州會議上發言，宣稱吳晗的背後有人撐腰，文化界、黨政軍各界都存在修正主義。5 月中央政治局在劉少奇主持下，於北京召開擴大會議。5 月 16 日通過經毛澤東七次修改的《中國共產黨中央委員會通知》（即《五一六通知》），決定撤銷彭真的北京市委第一書記和市長職務，取消「文化革命五人小組」及其辦事機構，重新設立文化革命小組，又批評《二月提綱》是「修正主義」，強調像「赫魯曉夫那樣的人物，他們現正睡在我們的身旁，各級黨委必須充分注意這一點」。5 月下旬全新的「中共中央文革小組」正式成立，由陳伯達任組長，江青和張春橋任副組長，康生任顧問。該小組直接受命於毛澤東，成為文化大革命的實際指揮機關。陳伯達率領工作組進駐人民日報社，該報隨即發表社論，號召人民「橫掃一切牛鬼蛇神」，確保無產階級專政，全力推行「文革」。

《五七指示》揭示了毛澤東發動「文革」的目標

同年 5 月 7 日，毛澤東為批示中央軍委總後勤部的一個報告致函林彪（即《五七指示》），提出「軍隊應該是一個大學校」，工、農、學、商以及黨政機關等，都需要進行「批判資產階級」的鬥爭，並強調「學制要縮短、教育要革命，資產階級知識分子統治我們學校的現象，再也不能繼續下去了」。不久，《人民日報》社論發表了這個批語的主要內容，提出必須跟「舊社會遺留下來的一切舊思想、舊文化、舊風俗、舊習慣決裂」，方能「更快地鏟除資本主義、修正主義的社會基礎和思想基礎」。《五七指示》後來成為「文革」十年中辦學甚至政府整體施政的綱領性文獻。

《五七指示》所憧憬的理想社會

新社會的特點	● 以階級鬥爭為綱，限制和逐步消滅分工，限制和逐步消滅商品，在分配上大體平均。 ● 具有自給自足及自我封閉的特點。
軍隊的作用	● 在沒有發生世界大戰的情況下，軍隊應該是一個大學校，學習政治、軍事、文化，從事農業和工業生產。
軍民關係	● 軍隊應從事群眾工作，參加工廠和農村的文化革命鬥爭。
工人所扮演的角色	● 工人應以工為主，兼學軍事、政治、文化，也要參加批判資產階級。在有條件的地方，也要從事農副業生產。
農民所扮演的角色	● 農民應以農為主，兼學軍事、政治、文化，也要參加批判資產階級。在有條件的時候也要由集體辦些小工廠。
學生的責任	● 學生以學為主，兼學別樣，不但要學文，也要學工、學農、學軍，也要批判資產階級。
對教育改革的要求	● 學制要縮短，教育要革命。 ● 不能讓資產階級知識分子統治學校的現象持續下去。

5.5 文化大革命的全面發動

聶元梓的大字報

　　毛澤東雖然通過政治批判文章與組織措施發動鬥爭，但他仍然未感滿意，決定直接發動群眾解決「修正主義」問題。北京大學哲學系的黨總支書記聶元梓等人的大字報，正好給他一個突破點。聶元梓聯同其他六人，於 1966 年 5 月 25 日在北大張貼大字報，攻擊北大領導，要求消滅「反革命的修正主義分子」。毛澤東要求將此文在全國廣播和發表，從而轟動全國，北京的學生首先起來「造反」。

工作組進駐校園

　　劉少奇與鄧小平此時按照過去「土改」與「社會主義教育運動」的做法，向北京各學校派出工作組，藉此恢復秩序與保持黨組織對運動的領導。劉少奇指示工作組進入校園以後，重點放在發掘地、富、反、壞四類分子。6 月 18 日北京大學發生擅自揪鬥幹部和教師的事件，駐校工作組聞訊予以制止。劉少奇對北大工作組的做法予以肯定。7 月毛澤東從南方返抵北京，批評工作組阻礙革命，中央政治局於是宣佈撤銷工作組。

毛澤東炮打司令部

　　在 8 月召開的中共八屆十一中全會上，毛澤東派發他所撰寫的《炮打司令部──我的一張大字報》一文，公開批評劉少奇的做法。會上通過《關於無產階級文化大革命的決定》（即《十六條》），提出要警惕有人把革命群眾打成「反革命」。該文件正式使中共中央從法定程序上確認了在全國開展「無產階級文化大革命」的基本方針和組織措施。會後劉少奇、鄧小平等人相繼受到審查和批判。1967 年 1 月，造反派開始批鬥劉少奇王光美夫婦。1968 年 10 月，中共召開八屆十二中全會，宣佈將劉少奇永遠開除出黨。最後劉少奇以國家主席的身分被迫害致死。

打倒劉少奇的四個階段

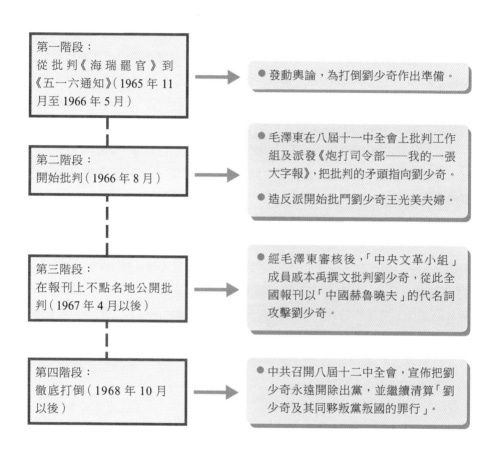

第一階段：
從批判《海瑞罷官》到《五一六通知》(1965 年 11 月至 1966 年 5 月)

● 發動輿論，為打倒劉少奇作出準備。

第二階段：
開始批判 (1966 年 8 月)

● 毛澤東在八屆十一中全會上批判工作組及派發《炮打司令部——我的一張大字報》，把批判的矛頭指向劉少奇。

● 造反派開始批鬥劉少奇王光美夫婦。

第三階段：
在報刊上不點名地公開批判 (1967 年 4 月以後)

● 經毛澤東審核後，「中央文革小組」成員戚本禹撰文批判劉少奇，從此全國報刊以「中國赫魯曉夫」的代名詞攻擊劉少奇。

第四階段：
徹底打倒 (1968 年 10 月以後)

● 中共召開八屆十二中全會，宣佈把劉少奇永遠開除出黨，並繼續清算「劉少奇及其同夥叛黨叛國的罪行」。

5.6 紅衞兵運動的興起

　　1966 年 5 月，清華大學附屬中學以幹部子女為主的學生秘密集會，決定以「造反有理」為口號，成立「紅衞兵」組織。8 月初毛澤東寫信支持他們的「革命造反精神」。這封信被作為八屆十一中全會文件印發，對鼓動學生的「造反」活動起了很大作用。8 月 18 日，北京天安門廣場召開了「慶祝無產階級文化大革命大會」，出席者包括來自北京和全國各地師生共 100 萬人，毛澤東首次在天安門接見紅衞兵代表，並佩上紅衞兵袖標。林彪在大會上講話，號召「大破一切剝削階級的舊思想、舊文化、舊風俗、舊習慣」。其後毛澤東多次分批接見全國紅衞兵共約 1,100 萬人，表示他對紅衞兵堅決支持的態度。從此紅衞兵組織在全國各地迅速發展起來。

　　自 8 月中旬開始，紅衞兵開展「破四舊」（舊思想、舊文化、舊風俗、舊習慣）運動，破壞文物，批鬥所謂「牛鬼蛇神」。經毛澤東同意，中共中央下令「不准以任何借口，出動警察干涉、鎮壓革命學生運動」。據統計，1966 年 8 至 9 月間，北京市被打致死者達千人，被抄家 3 萬餘戶，有 8 萬多人被迫遷回原籍。上海市到 9 月上旬即有 8 萬餘戶被抄家。小說家老舍、翻譯家傅雷等大批知名人士被迫害致死。北京市 1958 年確定保護的 6,843 處文物古蹟，有 4,922 處遭到破壞。9 月初，中共中央、國務院根據毛澤東的倡議，發出關於組織外地師生來京參觀「文化大革命」的通知，由政府提供交通費和生活補助費。各地紅衞兵紛紛湧入北京，北京紅衞兵則分赴各地「點火」，紅衞兵「大串連」活動遍及全國。

紅衞兵

毛澤東給清華大學附屬中學紅衞兵的信

毛澤東給清華大學附屬中學紅衞兵的信（1966 年 8 月 1 日）

清華大學附屬中學紅衞兵同志們：

你們在七月二十八日寄給我的兩張大字報以及轉給我要我回答的信，都收到了。你們在六月二十四日和七月四日的兩張大字報，説明對一切剝削壓迫工人、農民、革命知識分子和革命黨派的地主階級、資產階級、帝國主義、修正主義和他們的走狗，表示憤怒和申討，説明對反動派造反有理，我向你們表示熱烈的支援。同時我對北京大學附屬中學紅旗戰鬥小組説明對反動派造反有理的大字報和由彭小蒙同志於七月二十五日在北京大學全體師生員工大會上，代表她們紅旗戰鬥小組所作的很好的革命演説，表示熱烈的支援。在這裏，我要説，我和我的革命戰友，都是採取同樣態度的。不論在北京，在全國，在文化大革命運動中，凡是同你們採取同樣革命態度的人們，我們一律給予熱烈的支援。還有，我們支援你們，我們又要求你們注意爭取團結一切可以團結的人們。對於犯有嚴重錯誤的人們，在指出他們的錯誤以後，也要給以工作和改正錯誤重新作人的出路。馬克思説，無產階級不但要解放自己，而且要解放全人類。如果不能解放全人類，無產階級自己就不能最後地得到解放。這個道理，也請同志們予以注意。

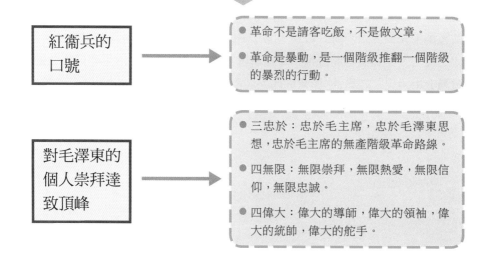

紅衞兵的口號

- 革命不是請客吃飯，不是做文章。
- 革命是暴動，是一個階級推翻一個階級的暴烈的行動。

對毛澤東的個人崇拜達致頂峰

- 三忠於：忠於毛主席，忠於毛澤東思想，忠於毛主席的無產階級革命路線。
- 四無限：無限崇拜，無限熱愛，無限信仰，無限忠誠。
- 四偉大：偉大的導師，偉大的領袖，偉大的統帥，偉大的舵手。

5.7 「一月風暴」與「二月抗爭」

一月風暴

1967 年 1 月，《人民日報》、《紅旗》雜誌發表社論《把無產階級文化大革命進行到底》，呼籲造反派向黨內「走資本主義道路的當權派和社會上的牛鬼蛇神，展開總攻擊」。在張春橋、姚文元的策劃指揮下，上海造反派隨即在文匯報社、解放日報社進行奪權。「上海工人革命造反總司令部」（簡稱「工總司」）首領王洪文等人召開會議，批鬥上海市委和中央華東局的領導幹部，奪取上海市黨政大權。經毛澤東授意，中央向上海市各造反團體發出賀電。《紅旗》雜誌、《人民日報》亦相繼發表社論，肯定和支持上海的奪權，號召全國仿效。從此奪權之風遍及全國，加劇了大動亂的局面。

二月抗爭

「文革」的動亂局面日漸失控，甚至發生造反派衝擊國防部事件，引起一批解放軍將帥的極度反感，導致發生了「大鬧京西賓館」（1967 年 1 月）及「大鬧懷仁堂」（1967 年 2 月）事件。在中央軍委碰頭會和政治局碰頭會上，以葉劍英、徐向前、聶榮臻等為首的高級將領，與江青等人進行了針鋒相對的鬥爭。毛澤東則召集會議，對陳毅、譚震林、葉劍英和徐向前進行批評，並撤銷中央軍委常委辦公會議，成立中央軍委辦事組（組長為林彪妻子葉群）代行權力，葉劍英等將帥無形中被解除兵權。此後中央政治局也停止活動，實際上由中央「文革」碰頭會取代。江青等人稱「二月抗爭」為「二月逆流」，鼓動造反派掀起「反擊全國自上而下的復辟逆流」的浪潮。

解放軍將帥對
「中央文革小組」的抗爭

抗爭言論

軍隊是無產階級專政的柱石，軍隊穩不住，一旦敵人入侵，就無法應付。革命，能沒有黨的領導嗎？能不要軍隊嗎？

葉劍英

軍隊是無產階級專政的支柱，這樣把軍隊亂下去，還要不要支柱啦？

徐向前

不要黨的領導，一天到晚老是群眾自己解放自己，自己教育自己，自己搞革命，這是甚麼東西？這是形而上學！你們的目的，就是要整掉老幹部！

譚震林

毛澤東的反應

中央「文革」小組執行八屆十一中全會精神，錯誤是百分之一、二、三。大鬧懷仁堂，就是要搞資本主義復辟！

毛澤東

5.8 「三支兩軍」與武漢「七二○事件」

三支兩軍

為了控制造反派全國奪權所造成的失控形勢，1967 年 1 月，毛澤東要求解放軍積極支持左派群眾的奪權鬥爭，把提高大、中學生和機關幹部的政治素質、加強組織紀律性的任務交給軍隊。此決定後來演化成「三支兩軍」（即支左、支工、支農，軍管、軍訓）任務。「支左」的基本任務是按照毛澤東的指示，支持文化大革命及造反派奪權；「支工」指支援工業生產；「支農」指支援農業生產；「軍管」指對重要單位（如電台報社、國防工廠等）實行軍事管制；「軍訓」指對大學、中學、小學高年級學生進行軍訓。

「七二○事件」及前後形勢

1967 年 7 月，武漢地區對立派系之間的武鬥日漸升級，毛澤東秘密與周恩來、「中央文革小組」成員王力、公安部長謝富治飛抵武漢，試圖調停。當時武漢地區大致分成「激進派」與「百萬雄師」的對立陣營，前者在江青等人支持下，挑起武鬥，並綁架武漢軍區領導，後者則得到武漢軍區部分軍人的支持。謝富治、王力兩人因偏袒「激進派」，激起「百萬雄師」成員的憤怒。7 月20 日他們聯同軍人強行綁架王力。數十萬軍民亦上街舉行示威遊行，表示不滿。毛澤東離開武漢後，由周恩來負責善後工作。此後不久，紅衞兵和造反派受到江青提出「文攻武衞」的口號鼓動，又強行接管外交部。軍隊也到處發生奪權事件。中國留歐學生在莫斯科紅場高呼打倒修正主義口號，與蘇聯軍警發生流血衝突。毛澤東鑒於局勢過於動盪，必須穩定軍心，遂極力安撫實力派軍人，並清算王力、關鋒等「文革」小組成員。

解放軍在「文革」中的作用

解放軍在
「文革」時期
的作用

控制造反派全國奪權所造成
的失控形勢，防止中國社會和
政治結構的崩潰。

保證軍隊對毛澤東個人的效
忠，團結一致備戰，以防美國
或蘇聯的入侵。

「文革」前為保證軍隊效忠所作的準
備措施：

● 以中央文件的形式，要求全黨學
習毛澤東思想。

● 林彪接任國防部長後，特別強調
政治掛帥，主張必須研讀毛澤東
著作。

● 軍方特別強調「努力做毛澤東時代
的好戰士」的「雷鋒精神」。

● 解放軍總政治部編輯出版《毛主席
語錄》，方便一般士兵學習，把軍
隊對毛澤東的個人崇拜帶到巔峰，
令解放軍在林彪領導下成為毛澤
東發動「文革」的有力後盾。

林彪

軍隊在文化大革命中一定要站在左派一
邊，支援革命左派，在革命派和保守派
之間，不能調和折衷，搞折衷實際上是
反動路線。

117

5.9 紅衞兵狂熱行為之分析

教育失誤與紅衞兵的狂熱行為

從 1949 年起，中國所建立的教育制度對青少年學生的要求，一直都是政治勝於學業（即「紅」高於「專」）。學生為了爭取政治身份而相互競爭，爭取黨組織的肯定。政府又在學校課程中硬性設置政治課，讓學生面對枯燥繁瑣的教義問答死記硬背，喪失了獨立思考政治、社會問題的能力，學生以為掌握了毛澤東思想便可掌握絕對真理。這種風氣使「文革」中紅衞兵拿《毛主席語錄》為自己的每一個行為辯護，根本不管語錄含義和面臨事件之間有無聯繫。

老紅衞兵與造反派之分野

在紅衞兵運動發展過程中，有所謂「老紅衞兵」與「造反派」之分野。老紅衞兵是指第一批響應毛澤東號召起來造反的學生，是「破四舊」運動的主要參與者。他們由「紅五類」（工人、貧農、下中農、革命幹部及革命烈士）家庭的子女組成，實際上是以領導幹部的子女為主幹。「造反派」則是指靠「批判資產階級反動路線」、衝擊領導幹部、「當權派」而起家的紅衞兵。建國初期，政府嚴格劃分居民的階級成分。家庭成分屬「紅五類」的學生在學校內身份優越，家庭成分屬「黑五類」的學生則受到歧視。「造反派」紅衞兵包括了不少「黑五類」（地主、富農、反革命分子、壞分子和右派分子）家庭的學生。紅衞兵運動發展中期，由於「中央「文革」小組」將鬥爭矛頭指向黨和政府的領導幹部，當然不可能得到以幹部子弟為主幹的「老紅衞兵」的支持。他們也開始對「中央文革小組」進行各種形式的抵制與反抗，但最終被鎮壓而徹底瓦解。

「忠」字舞

老紅衛兵與造反派紅衛兵的差異

	老紅衛兵	造反派紅衛兵
參與者	由「紅五類」子女組成，實際上是以領導幹部子女為主幹。	家庭背景比較多元化，最大的特點是基本來自不當權的社會階層。
關於階級鬥爭的認識	認同「以階級鬥爭為綱」的理論，認為中國資本主義復辟的主要危險來自「地主、資產階級及其知識分子」，主張打擊重心也在此。	認為中國資本主義復辟的主要危險來自黨內走資派，「資產階級知識分子」受走資派庇護，是「走資派」的幫兇。打擊的主要目標「走資派」。
關於階級路線的認識	認為只有出身於「紅五類」家庭的人，才是真正可以依靠的接班人，排斥出身於剝削階級家庭的青年。	指責以「自來紅」自居的幹部子弟最容易「和平演變」為新興資產階級的少爺、小姐，要求平等的社會、政治地位和權利，反對特權與在體制內的「走資派」。
發展結果	由於「中央文革小組」將鬥爭矛頭指向黨和政府的領導幹部，「老紅衛兵」對「中央文革小組」進行各種形式的抵制與反抗，終被鎮壓而瓦解。	成為後期紅衛兵運動的主流。

5.10 1968年,「文革」作為一種群眾運動的終結

「無產階級司令部」「文革」戰略的改變

踏入1968年,以毛澤東為首的「無產階級司令部」認為「文革」已到了鞏固、休整的階段。然而,各類群眾組織的分裂、論戰,特別是此起彼伏的大規模武鬥,使「無產階級司令部」的「文革」戰略一再受挫,致使「司令部」於該年最大的任務實際上是遏制群眾運動,結束群眾武鬥,整肅群眾組織。

學校復課和「工宣隊」進駐

文化大革命爆發後,不少青年學生加入紅衛兵組織,參與血腥武鬥。部分高校的群眾組織(如北京航空學院「八一縱隊」和「八一野戰團」、清華大學「井岡山兵團」),更成為當地造反派武鬥的指揮和聯絡中心。1967年9月,毛澤東曾要求各地撤銷招待外來串連學生和其他人員的機構,外出學生和其他人員必須全部返回原地。但由於相當多的學生未有返校,學校的幹部和教師也普遍受到批判和審查,故該指示未能確實執行。面對此種失控情況,毛澤東唯有沿襲劉少奇的做法,派遣類似「工作組」的組織進駐各單位恢復秩序。

1968年7月,毛澤東指示北京60多間工廠,組成3萬多人的「首都工人毛澤東思想宣傳隊」(即「工宣隊」),開進清華大學等高院校,整頓秩序與制止武鬥,隨後毛澤東又警告紅衛兵領袖必須停止武鬥,接受「工宣隊」的領導。8月,中共中央發出通知,要求各地仿照北京的辦法,以工人為主體,配合軍方組成「毛澤東思想宣傳隊」(由軍人組成的則稱為「軍宣隊」),分期分批進入各學校制止武鬥。這種措施其後擴大到各級黨政機關和企業單位,全國的紅衛兵組織亦逐漸解體。

毛澤東停止群眾武鬥的措施

必須停
止武鬥

- 下令「文革」初期外出的學生和其他到外地串連的人員返回原地。
- 要求各地學校必須立即開學。
- 組織「工宣隊」到各大專院校維持秩序。
- 召見紅衛兵領袖，訓示他們必須停止武鬥。
- 將「工宣隊」的經驗推廣到全國。

紅衛兵批鬥彭德懷

紅衛兵「破四舊」

5.11 知識青年上山下鄉

「文革」前的下鄉運動

　　毛澤東解決群眾運動失控的另一方法，是號召城市知識青年「上山下鄉」。早在 1950 年代初，政府就開始嘗試把大批中小學畢業生引導向農村從事生產，從而解決城市剩餘勞動力問題。1960 年代初，由於大躍進的失敗，城市人口就業途徑變得空前狹窄，眾多青年中學畢業後無法升學，政府的就業分配也遇到空前困難，政府開始在全國範圍內有組織地動員知識青年（簡稱「知青」）上山下鄉。1962 年至 1966 年間，全國有近 130 萬城鎮知青下鄉。

毛澤東鼓吹知青下鄉

　　文化大革命開始後，知識青年上山下鄉進入一個新階段。1966 年下半年到 1968 年，全國學校基本停課，大學不招生，工廠基本不招工，這三年的城鎮初、高中畢業生累計有 400 萬人，留在城市，無所事事。1968 年底，毛澤東號召知青下鄉接受農民的「再教育」，政府亦以青年是否願意上山下鄉作為「革命」或「反革命」的基本標準，以強制方式迫使知青下鄉。「文革」十年間，全國共有 1,400 萬知青上山下鄉，這意味着約 10% 以上的城鎮人口在這種形式下被送往鄉村。

上山下鄉所產生的問題

　　「文革」時期的上山下鄉運動帶有更明顯的強制性質。知青下鄉固然對開發農村、邊疆的落後地區作出相當貢獻，但當時不少地方幹部不顧青年本身及家庭的具體情況，一概要求畢業生下鄉，給全社會帶來了消極後果，使許多可以造就的人才被迫中斷學業，造成了人才的嚴重斷層，也給不少知青的個人生活和家庭帶來悲劇。直至 1980 年政府才明確下令停止讓城市青年上山下鄉的做法。

「文革」十年的上山下鄉運動

知識青年到農村去，接受貧下中農的再教育，很有必要。

毛澤東動員知識青年上山下鄉

原因：

● 解決「文革」爆發以來城市勞動力過剩與武鬥問題。

● 支援農業和農村建設。

● 鍛煉知識青年成為未來無產階級革命事業的接班人。

政府強制知識青年上山下鄉

後果：

●「文革」時期全國共有 1,400 萬知青上山下鄉。

● 對開發農村、邊疆的落後地區作出相當貢獻。

● 造成不少青年喪失教育機會，形成人才生成的嚴重斷層。

● 給不少知青的個人生活和家人帶來悲劇。

1980 年，政府正式下令，停止強制青年上山下鄉的措施

5.12 中共九大的召開與幹部下放

九大的召開

　　1967年「一月風暴」後，各省市造反派起而奪權，建立革命委員會。1968年9月，西藏、新疆兩個自治區的革命委員會同時成立，標誌着毛澤東所訂下的文化大革命的向「走資派」奪權的任務基本完成，實現了所謂的「全國山河一片紅」。可是要達成他主觀設想的「天下大治」，還要依靠黨組織的力量。1969年4月，中共第九次全國代表大會在北京秘密召開。出席代表大部分由「造反派」所組成，不少造反派是被確定為九大代表後才補辦入黨手續。林彪在大會上代表中央宣讀政治報告，肯定了文化大革命的成就。大會通過新黨章，把林彪列為「毛澤東同志的親密戰友和接班人」。在新選出的中央政治局委員中，林彪、江清集團的主要骨幹和親信佔半數以上。

五七幹校

　　1968年5月，黑龍江省革命委員會紀念《五七指示》發表兩周年，在慶安縣柳河開辦有500名省直屬機關人員參加勞動鍛煉的農場，得到毛澤東認同。中共召開九大以後，毛澤東更明確提出，把廣大「有問題」的幹部和知識分子下放勞動。自此全國從中央到各省、市、自治區的黨政機關、文化教育科研單位，紛紛創辦「五七幹校」，作為被貶到鄉下的城市幹部的收容所。大量幹部與知識分子被下放到幹校勞動，過軍事化的生活，並例行性地一日數次集體高呼「敬祝毛主席萬壽無疆」的口號，飽受身體、精神等方面的折磨。

幹部在「五七幹校」內學習

中共九大的內容

議　程	議決事項
林彪作《在中國共產黨第九次全國代表大會上的報告》	● 肯定文化大革命的經驗與必要性，認為這是「社會主義社會兩個階級、兩條道路、兩條路線長期尖銳鬥爭的必然結果」。 ● 強調在社會主義階段的任何時候、任何情況下都要以階級鬥爭為中心的指導思想。
討論通過了新的《中國共產黨章程》	● 把林彪作為「毛澤東同志的親密戰友和接班人」寫入黨章總綱。
選舉新一屆的中央委員和候補中央委員	● 選出 170 名中央委員和 109 名候補中央委員。其中原八屆中央委員和候補中央委員只有 53 人。 ● 大量「文革」時期冒起的新貴得以進入黨的中央委員會。

林 彪

> 我國的無產階級文化大革命，是一場大規模的、真正的無產階級的革命。（在九大上的講話）

毛澤東的親密戰友和接班人
（寫入九大通過的新黨章之內）

第六章
文化大革命（下）(1969-1976)

1971 年林彪事件後，「文革」開始步入尾聲。毛澤東的最後歲月一心掛念的是維護他的「文革」，但這種願望亦使他陷於矛盾之中：他對以江青為首的「文革」派逐漸產生不悅，要維持國內穩定，他還得倚重周恩來和其他老幹部；而周恩來要重新起用老幹部，便要對「文革」初期打倒「走資派」的做法予以批判，這會導致否定「文革」，又是他不能容忍的；要維護「文革」，他就得保護江青、張春橋等人。這種矛盾明顯地反映在 1970 年代毛澤東對周恩來等老幹部和江青等人的態度上，也成為毛澤東去世前中國政局動盪的重要原因。

6.1 林彪的得勢

林彪在「文革」中的角色

　　林彪的得勢，某種程度上可視為毛澤東發動文化大革命的結果。在 1959 年盧山會議上，林彪竭力批判彭德懷，後取代彭德懷出任國防部長，成為中央軍委副主席。「文革」爆發後，林彪更與江青等人通力合作，發佈經毛澤東修改過的《部隊文藝工作座談會紀要》一文，作為發動文化大革命的其中一個理論依據。

　　「文革」發展至 1967 年以後，因周恩來所領導的政府部門受到太大的衝擊，林彪憑着軍隊的支持，成為毛澤東個人領導體制的最大支柱。他因為得到毛澤東的信賴而成為 1970 年《中華人民共和國憲法修改草案》規定的毛澤東繼任人。但文化大革命時期解放軍的大權，仍然緊握在中共中央軍事委員會主席毛澤東的手上。

林彪集團與江青集團的矛盾

　　1969 年 4 月中共九大召開以前，林彪集團與江青集團共同合作，達到摧毀「劉（少奇）鄧（小平）資產階級司令部」的目標。江青集團以文人為主，長於發表為文化大革命保駕護航的理論與發動群眾運動；林彪集團則以軍人為主，主要作用在於「高舉」、「緊跟」，貫徹執行毛澤東的「最高指示」。但兩大集團之間逐漸產生矛盾。林彪集團雖在中共九大時達到鼎盛，但江青集團的力量也大大增強，對林彪的「接班人」地位構成威脅。另外，毛澤東一生最重軍權，「文革」前夕他已擔心軍隊中有人生事，「文革」期間調動一個排也要他簽字。對軍隊在「文革」中坐大，軍委辦事組權力過重，他不能不有所擔心。九大以後，毛澤東感到有必要改變軍人權力過重的現象。林彪的失勢已成必然。

林彪集團與江青集團之比較

項目	林彪集團	江青集團
主要成員	林彪、葉群、陳伯達、黃永勝、吳法憲、李作鵬、林立果、江騰蛟等。	江青、張春橋、姚文元、王洪文、康生（1975年病死）、陳伯達（後投靠林彪）。
成員的背景	以軍人為主，普遍在黨內資歷較深（除林立果）。	以文人為主，多為「文革」時期崛起之政治新貴，在黨內資歷較淺（除康生與陳伯達）。
勢力範圍	中央軍委辦事組，在解放軍中擁有龐大影響力。	「中央文革小組」及「文革」時期崛起的造反組織。
在「文革」中所扮演的角色	「高舉」、「緊跟」，貫徹執行毛澤東的「最高指示」，保證解放軍對毛澤東的絕對支持。	發表為文化大革命保駕護航的理論及發動群眾運動。
最後命運	1971年林彪、葉群、林立果墜機身亡，陳伯達、黃永勝、吳法憲等人於1981年被判有期徒刑。	1976年10月江青、張春橋、姚文元、王洪文被捕，於1981年由特別法庭進行審判。

我一定把同志們的革命熱情，革命幹勁帶給毛主席！

大海航行靠舵手，幹革命靠毛澤東思想。

江青　　　　林彪

6.2 林彪的失勢與逃亡

中共九屆二中全會

　　林彪的勢力日益膨脹，逐漸引起毛澤東的警惕。林彪集團的失勢始於 1970 年 8 月在盧山召開的中共九屆二中全會。該次會議主要討論了兩個問題：即設不設國家主席，及憲法中提不提「天才」問題。林彪在會上講話，提出此次憲法修改草案應「把毛澤東的偉大領袖、國家元首、最高統帥的這種地位」用法律形式鞏固下來，力主設國家主席（表面上讓毛澤東兼任實際是自己想當）。林彪的支持者陳伯達、葉群、吳法憲等則在分組會上發言，宣講由陳伯達選編的《恩格斯、列寧、毛澤東關於稱天才的幾段語錄》。他們按照林彪講話的意圖，在發言中藉着國家主席和稱天才兩個問題，不指名地攻擊張春橋。其後毛澤東親自主持召開政治局常委擴大會議，決定立即停止討論林彪的講話，責令陳伯達作出檢討。

林彪的叛逃

　　九屆二中全會後，毛澤東採取各種手段削弱林彪的影響力。這時中央開展的學習與批判運動，名義上是針對陳伯達，稱為「批陳整風」運動，實際上是「批林」，使林彪及其黨羽大感不安。1970 年 10 月，林彪之子林立果組織稱為「聯合艦隊」的軍事集團，計劃策動武裝政變。毛澤東對林彪集團的計劃已有所知悉。1971 年 8 月，他在武昌、長沙等地召見當地黨政軍主要負責人，宣稱「有人急於想當國家主席，要分裂黨，急於奪權」。林立果指示「聯合艦隊」刺殺毛澤東，幸好毛澤東突然改變行程，乘專車全速返回北京。1971 年 9 月 13 日凌晨，林彪、葉群、林立果不顧警衞部隊攔截，強行登上飛機外逃。隨後林彪的飛機在蒙古人民共和國溫都爾汗附近墜毀，機上人員悉數身亡。

林彪事件

「571」工程紀要要點	
策劃人	林立果、周宇馳、于新野、李偉信。
謀殺手段	炸火車或鐵路橋，使用火焰噴射器製造車禍，用手槍暗殺等。
策略	打「B-52」旗號打擊「B-52」力量（「B-52」指毛澤東）。
實施方式	奇襲式。
目標	奪取全部政權。

林彪的妻子葉群

天要下雨，娘要嫁人，有什麼辦法？林彪要跑，隨他去吧。

不設國家主席，林彪怎麼辦？往哪擺？

毛澤東

林彪墜機事件現場

6.3 林彪事件後共和國政局的發展

林彪事件的影響

　　林彪出逃與身亡，對全國的幹部與民眾產生巨大影響。毛澤東親自選定的接班人竟要謀害毛澤東，以「反修防修」為目標的「文化大革命」卻出現了篡黨奪權的野心家，導致更多人對文化大革命提出質疑，促使更多的幹部和群眾從個人崇拜的狂熱中覺醒，對「無產階級專政下繼續革命」的理論和實踐產生懷疑。

　　毛澤東警覺到除非立即採取應變措施，否則文化大革命所建立的體制，勢必土崩瓦解。中央隨即成立了由周恩來負責的審查林彪、陳伯達反黨集團專案組，展開「批林整風」運動，清除林彪黨羽，要求黨政軍高中級領導幹部在思想上跟林彪等人劃清界線。

　　林彪事件也促使中央加快了糾正部分「文革」初期全面否定舊體制的步伐。其中一個重要標誌是黨組織得到恢復。不少在「文革」期間被當成「走資派」和「牛鬼蛇神」遭批鬥和打倒的幹部，得到重新起用並恢復名譽，而官方聲稱「文革」的「過激行為」，都是林彪陰謀策劃的結果。

軍隊對政治的影響力逐漸下降

　　自從林彪在軍隊的支持者被清除後，解放軍的影響力逐漸下降。1972 年 8 月，毛澤東更下令停止「三支兩軍」，要求軍隊撤回派往各文教政治單位的軍官和兵員。過去被批判的軍方將領陸續復出，由黨領導的群眾組織也恢復活動。重新組建的共青團取代了紅衞兵，改組後的工會代替了工人代表大會。隨着黨組織的重建，革命委員會和軍隊的政治影響力逐漸縮小。1971 年毛澤東視察南方時再次明確地指出：「黨要指揮槍。」

林彪事件後毛澤東對老幹部的安撫措施

毛澤東對老幹部的安撫措施

- 為「二月抗爭」平反，肯定老帥們的抗爭行為。

- 親自出席「文革」初期受到迫害的陳毅的喪禮。

- 重新起用部分被打倒的幹部。

- 批評監獄實行「法西斯式的審查方式」，要求一律廢除。

- 重建黨組織，由黨領導的群眾組織（如共青團、工會）也恢復活動。

毛澤東

陳毅是個好同志，要是林彪的陰謀搞成了，是要把我們這些老人都搞掉的。

毛澤東出席陳毅的喪禮

133

6.4 中共十大的召開與批林批孔運動

十大的召開

為了清算林彪及其同謀,中共提前於 1973 年 8 月在北京舉行第十次全國代表大會。大會事先沒有公開宣佈,比以往更加保密。在大會上毛澤東讓出身上海造反派的王洪文作關於修改黨章的報告,又讓周恩來在大會上作政治報告。十大正式宣佈把林彪與陳伯達開除出黨,又對黨章作出修改,刪除林彪為毛澤東選定的接班人這段文字。此後,王洪文、張春橋、江青、姚文元在中央政治局內結成「四人幫」,使江青集團的勢力得到加強。

批林批孔運動

毛澤東雖然讓老幹部復出,但對他們仍不完全放心。他利用江青、張春橋等「文革」的得益者平衡老幹部的力量。1974 年的「批林批孔」運動便是這種策略的具體表現。1973 年年中,毛澤東在幾次談話中提出要把批判林彪與批判孔子兩件事情聯繫起來。同年下半年,報刊開始登載批判儒家和孔子的文章。1974 年 1 月,經毛澤東批准,中共中央轉發由江青等人組織編輯的《林彪與孔孟之道》材料。隨後「批林批孔」運動在全國陸續展開。毛澤東發動這場運動,不僅是想從思想根源上批判林彪集團(因為林彪等在私下推崇孔孟之道),而且要借宣傳歷史上法家堅持變革和儒家反對變革,來維護文化大革命。江青等人在北京各級機關召開「批林批孔」動員大會,提出「修正主義仍然是當前的主要危險」。他們以「批林批孔」要「聯繫實際」為由,把攻擊矛頭指向企圖為部分老幹部翻案的周恩來、葉劍英等人。其後江青等組織人員在報刊上發表了大批用「影射史學」手法編寫的文章,借批孔子攻擊周恩來、鄧小平等人是「現代的大儒」、「搞復辟」,掀起所謂的評法批儒活動。

中共十大的內容

會議內容	議決事項
周恩來代表中共中央作政治報告	● 強調粉碎林彪反革命集團的勝利，是對國內外敵人沉重的打擊。 ● 肯定九大路線和黨在整個社會主義歷史階段的基本路線和政策。 ● 提出現在仍然處於帝國主義和無產階級革命的時代，世界各地的民族解放與革命，已經成為不可抗拒的歷史潮流。
王洪文作關於修改黨章的報告	● 肯定了文化大革命的意義。 ● 提出今後將進行多次文化大革命。 ● 我國的無產階級文化大革命，就是在社會主義條件下，無產階級反對資產階級和一切剝削階級，鞏固無產階級專政，防止資本主義復辟的政治大革命，今後還要進行多次。（十八通過的新黨章）
批判林彪反革命集團的罪行	● 永遠開除林彪與陳伯達的黨籍。 ● 林彪及其一小撮死黨是一個「語錄不離手，萬歲不離口，當面說好話，背後下毒手」的反革命陰謀集團。（十大報告）
選出 195 名中央委員和 124 名候補中央委員	● 部分在「文革」中被迫害的老幹部（如鄧小平、譚震林、廖承志）復出，被選為中央委員。

6.5 鄧小平復出

　　「文革」初期，鄧小平因「黨內走資本主義道路的當權派」的罪名而被打倒。但在毛澤東指示下，鄧小平得以保留黨籍，境況遠較劉少奇為佳。 1969年他被下放到江西的幹校勞動，得悉林彪身亡的消息後，立刻寫信給毛澤東，請求為黨做點工作。 1972 年 8 月，毛澤東對鄧小平的來信作出批語：「鄧小平同志所犯錯誤是嚴重的，但應與劉少奇加以區別」，並肯定鄧小平過去的功績。根據這個批示及經周恩來的多方努力， 1973 年 3 月中共中央正式決定，恢復鄧小平的國務院副總理職務。鄧小平於 1973 年春返回北京，並在 4 月起公開參加外事活動。 1973 年 8 月，在中共十大上重新當選為中央委員。同年年底，經毛澤東提議，鄧小平擔任中共中央政治局委員。次年鄧小平率中國代表團出席聯合國特別會議，他在會議上宣佈第二次世界大戰後的「社會主義陣營」已不復存在，中國屬於第三世界。鄧小平後來又被任命為中央軍委副主席兼解放軍總參謀長。

1973 年復出後的鄧小平和周恩來在一起

毛澤東重新起用鄧小平的原因

毛澤東重新起用鄧小平的原因

▶

- 「批林批孔」運動後，造反組織復熾，全國許多地方和單位的領導班子重新陷於癱瘓狀態，需要一個擁有較深資歷及才幹的人物，幫助整頓失控的形勢。

- 周恩來被證實身患重病，急需尋找合適的繼任人。王洪文因過於接近江青而失去毛澤東的信任。

- 鄧小平過去是毛澤東的忠實支持者，其才幹多次受到毛澤東稱許。他與軍方的密切關係亦有利於穩定形勢。

毛澤東

小平政治思想強，人才難得，要擔任第一副總理、軍委副主席和總參謀長三個職務。（1974年12月對周恩來、王洪文講）

不要搞宗派，搞宗派要摔跤的。（1974年12月對王洪文講）

你們要注意呢，不要搞成四人小宗派呢。（1974年7月對江青等人講）

6.6 鄧小平與 1975 年整頓及「反擊右傾翻案風」

1975 年的全面整頓

在鄧小平指示下，中央作出加強鐵路工作的決定，規定全國鐵路由鐵道部統一管理，連立規章制度以保證鐵路系統的運作。同時亦整頓鋼鐵工業，強調必須提高鋼鐵產量。鄧小平號召讓城市企業和農村生產隊採取經濟核算和建立生產責任制，並實行物資獎勵的辦法，同時提出在領導班子中增加科技專家，並開始從國外進口成套技術設備，設法促進生產發展。為解決軍隊中的領導班子不團結及派性等問題，鄧小平亦與葉劍英合作整頓軍隊，對軍隊 25 個大單位的領導班子進行調整配備，對駐京及北京附近戰略要地的部隊進行整頓和調動。經全面整頓，1975 年中國的社會秩序漸漸趨於穩定，國民經濟亦由下滑轉向回升。

反擊右傾翻案風

毛澤東雖然重用鄧小平，但他最擔心的是鄧小平所主持的整頓觸及文化大革命所產生的問題，若發展下去，勢必會否定文化大革命的意義。毛澤東提出對文化大革命的評價應是「七分成績，三分錯誤」。他希望鄧小平主持為「文化大革命」做個決議，可是卻被鄧小平所推辭。鄧小平的整頓突出以經濟建設為重心的思想，與毛澤東強調階級鬥爭為綱的主張大相逕庭，導致鄧小平逐漸失去毛澤東的信任。1975 年 8 月，原清華大學黨委副書記劉冰等上書毛澤東，批評當時清華大學黨委書記遲群、副書記謝靜宜工作作風和群眾關係上的問題，信件由鄧小平轉交。毛澤東認為這兩封信的動機不純，鄧小平轉達劉冰的信，是偏袒和支持劉冰。11 月清華大學傳達毛澤東的指示後，掀起「批鄧、反擊右傾翻案風」運動。中共中央後來在北京召開會議，宣讀毛澤東的指示，強調清華華大學出現的問題是兩個階級、兩條路線鬥爭的反映，是一股右傾翻案風。從此，「反擊右傾翻案風」運動迅速擴大到全國，從不點名到點名批判鄧小平。

鄧小平1975年整頓的內容

整頓內容	措施
經濟方面	● 規定全國鐵路由鐵道部統一管理,建立規章制度,以保證鐵路系統的運作。 ● 整頓鋼鐵工業,提高鋼鐵產量。 ● 讓城市企業和農村生產隊採取經濟核算和建立生產責任制,實行物資獎勵的辦法刺激生產。
科技建設方面	● 在領導班子中增加科技專家。 ● 從國外進口成套技術設備,改善生產水平。
軍事方面	● 與葉劍英一起整頓軍隊,對軍隊 25 個大單位的領導班子進行調整配備,對駐京及北京附近戰略要地的部隊進行整頓和調動。
教育方面	● 要求加強數理化和外語等基礎知識的教學。 ● 提高教師的地位。

現在的大局是把我國建設成為現代化的社會主義強國,只敢說革命,不敢說抓生產,這是大錯特錯。

如果我們的科學研究工作不走在前面,就要拖整個國家建設的後腿。

今後軍隊幹部的使用、提升,一條重要的原則,就是不能重用派性嚴重的人,不能重用堅持派性不肯改正的人。

鄧小平

6.7 毛澤東時代的終結

四五事件

　　1976 年 1 月，周恩來病逝。儘管鄧小平仍是中共中央副主席、國務院第一副總理，毛澤東卻決定任命華國鋒為代總理，主持黨中央和國務院的日常工作。葉劍英也以「生病」為由被要求不再負責中央軍委的工作。這反映出毛澤東對鄧小平、葉劍英等既不信任，又不願把重要權力託付江青等人的複雜心態。3 月中旬，北京天安門廣場出現對周恩來的悼念活動，同時表達對「四人幫」的不滿。4 月 4 日清明節，悼念活動達到高潮，當天有數十萬人湧向天安門廣場。當日晚，華國鋒主持召開中央政治局會議，決定立即清理天安門廣場的花圈和標語。次日晚，民兵和警察奉命手持木棍跑步進入廣場，毆打和逮捕留在廣場的群眾，這就是「四五事件」。4 月 7 日上午，毛澤東聽取姪兒毛遠新的報告，肯定了中央政治局對天安門事件所採取的措施，提議政治局作出兩項決議：一是任命華國鋒為中共中央第一副主席、國務院總理；二是撤銷鄧小平黨內外一切職務，保留黨籍。

毛澤東逝世與「四人幫」被捕

　　「四五事件」後，毛澤東的身體狀況進一步惡化。1976 年 9 月 9 日，毛澤東病逝。以江青為首的「四人幫」集團與葉劍英、李先念等中共老幹部的矛盾趨於白熱化。9 月下旬，江青等人在中央政治局會議上與葉劍英等人，就安排江青的工作問題展開激烈爭論。與此同時，江青等人的奪權活動也威脅到毛澤東繼任人華國鋒的政治地位。華國鋒遂聯同葉劍英及汪東興等人，於 10 月 6 日逮捕江青、王洪文、張春橋、姚文元及毛遠新，並對他們進行隔離審查，長達十年的「文革」動亂至此結束。

學界對毛澤東時代的評價

正面評價
GOOD

- 毛澤東作為一個保衛中國革命與國家利益的政治家，能洞悉國際間的矛盾，通過把握正確的時機，結束了過去 130 年來中國對外的屈辱與依賴。

- 共和國政府在奠定中國工業化基礎及科學技術發展等方面取得相當成就。從 1952 年到 1977 年，中國工業產量以年平均 11.3% 的速度遞增。到 1970 年代中期，中國已能夠生產噴氣式飛機、重型拖拉機和遠洋輪船，中國還能夠製造原子彈和洲際導彈，並於 1970 年發射人造衛星。

- 中國的醫療、教育事業均取得巨大成果，中國的人均壽命增加近一倍，從 1949 年前的 35 歲增加到 1970 年代中期的 65 歲。

負面評價
BAD

- 毛澤東是一個非常成功的革命家，但卻是一個令人失望的國家創建者，他的嚴重錯誤（如發動文化大革命）成為後人不可忘記的歷史教訓。

- 始終未能徹底解決社會不平等問題。

- 法治未能得到落實，憲法中人民的權利未能得到有效的保障。

6.8 「文革」時期的文化與教育

「文革」對中國文化發展的衝擊

「文革」時期共和國的文化與教育有兩大特點：其一是毛澤東成為壟斷一切知識的思想導師；其二是正常的學術和教育活動完全停止。對毛澤東的個人崇拜被推到極致。以出版為例，全國出版界以出版《毛澤東選集》與《毛主席語錄》為首要任務，其他業務處於停頓狀態。1965 年全國共出版圖書20,143 種、雜誌 790 種、報紙 343 種；到 1968 年，圖書下降到 3,694 種、雜誌 22 種、報紙 42 種。「文革」後期出版物的種類、數量雖有所增加，但內容單一、空洞，缺少知識性和趣味性讀物。

教育革命

1949 年後中國按照蘇俄模式實施教育改革，但始終解決不了體腦勞動差別、社會分工差別、成績較佳的學生與成績較差的學生在升學機會和勞動就業上的差別、城鄉學校的差別、重點與非重點學校的差別等問題。毛澤東推行教育革命的目標，目的即在於通過降低知識分子社會地位、降低教育水平、要大學生與工農兵劃等號的做法，縮小甚至消滅上述問題。1970 年以後，政府開始嘗試落實毛澤東關於教育改革的理念。毛澤東認為知識必須和生活結合，學問必須和實踐合一，最重要的知識是階級鬥爭，所以學生必須向工農兵學習。這些想法反映在具體教育工作上，是課程設計和招生制度的改變。學校要多教政治課和勞動課，課程減輕，注重鄉土教育。招收學生則首重政治條件和工作經驗，學生必須擁有廠礦或農村的經歷。1972 年學校基於客觀需要，不得不容許進行某種文化程度的測驗。然而此種做法被一些人說成強調「專」而不重視「紅」，遭到嚴厲批評。

「文革」時期「教育革命」的內容

目標	<ul><li>推翻資產階級知識分子統治學校的現象。</li><li>消除成績較佳的學生與成績較差的學生在升學機會和勞動就業上的差別、城鄉學校的差別、重點與非重點學校的差別等問題。</li></ul>
內容	<ul><li>推翻學校的舊領導體制。</li><li>批鬥校內資產階級知識分子。</li><li>停止高考制度。</li><li>大學教育縮短學制，並強調大學生「工農兵子弟」出身的招生標準，使不少成績優異的學生因階級出身問題，喪失升學機會。</li><li>採納「以階級鬥爭為綱，生產勞動為主」的教學與課程教材體系。</li></ul>

階級鬥爭是你們的一門主課。你們學院應該去農村搞「四清」，去工廠搞「五反」。不搞「四清」就不了解農民，不搞「五反」就不了解工人。階級鬥爭都不知道，怎麼能算大學畢業！（1964年7月對當時在哈爾濱軍事工程技術學院學習的毛遠新講）

毛澤東

6.9 「文革」時期的中國經濟

「文革」動亂對中國經濟的破壞

　　「文革」動亂給中國經濟帶來了極大破壞。「文革」期間，由於奪權、派性引發的大規模武鬥，造成了嚴重的直接經濟損失，由此引發的停工、停產、減產，又造成了大量的間接經濟損失。「文革」初期中央報刊上連篇累牘地發表批判「唯生產力論」的文章，強調「政治工作是一切經濟工作的生命線」，聲稱「利潤掛帥」、「物質刺激」使人忘記無產階級政治，是反革命修正主義。 1967年至 1976 年，各項經濟指標的平均年增長速度都大大低於「文革」前的 1953年至 1966 年。據估計，由於政治動亂的破壞，如按照正常年份的增長速度推算，「文革」十年間國民經濟的損失達 5,000 億元人民幣。

「文革」阻礙了中國現代化的發展步伐

　　另一方面，「文革」十年也拉開了中國與鄰近國家與地區的經濟差距，老百姓的生活無任何實質性改善。 1958 年以後，中國大陸的平均國民收入便沒有增加過。「文革」結束時，全國農民有 8 億之多，每人年均所得僅 76 元，其中兩億人的年均所得低於 50 元。這種生活上的缺乏改善，對照正在快速發展中的四鄰地區，尤其明顯。 1950 年代內地的生活水平與台灣、香港、南韓等周邊地區相差無幾，可是到文化大革命結束時，內地和這些地區之間的生活水平卻出現了至少 20 年的差距。

勝利油田

1953年至1982年間共和國的社會總產值和國民收入平均年增長速度

比較內容	1953-1966	1967-1976	1977-1982
社會總產值	8.2%	6.8%	8.9%
工農業合計	8.5%	7.1%	8.7%
其中：農業	2.9%	3.3%	6.8%
工業	12.9%	8.5%	9.4%
建築業	10.3%	7.1%	10.7%
運輸業	9.1%	4.7%	8.6%
商業	3.9%	5.0%	9.6%
國民收入（淨產值）	6.2%	4.9%	7.5%
工農業合計	6.4%	5.2%	7.5%
其中：農業	2.0%	2.5%	5.0%
工業	13.6%	7.2%	9.1%
建築業	8.5%	6.2%	6.8%
運輸業	8.1%	3.7%	6.3%
商業	3.2%	3.3%	9.3%

南京長江大橋（1968 年建成）

6.10 「文革」時期的中國外交

極左思潮對中國外交的負面影響

　　「文革」爆發後，中國官方大力宣傳毛澤東思想和世界革命。1966年10月，中央批准把宣傳毛澤東思想和文化大革命作為駐外使領館的首要任務，引致中外關係出現緊張。此外，「文革」的激進口號引起群眾的盲目排外行為。「中央文革小組」不停批判外交部害怕鬥爭，對群眾的排外行為起了煽動作用。紅衛兵在北京的英國代辦處召開「憤怒聲討英帝反華罪行大會」，並搗毀英國代辦處，令中英關係陷於僵局。周恩來被迫向英國政府道歉，並指示外交部負責修復代辦處；同時設法冷卻群眾情緒，使事端未再繼續擴大。

珍寶島事件

　　自1966年「文革」爆發後，蘇聯在烏蘇里江附近多次挑起邊界糾紛。1968年末至1969年初，中蘇兩國多次在珍寶島發生衝突，中共領導人策劃反擊。1969年3月2日，解放軍突襲珍寶島上的蘇軍，把蘇軍逐離該島。後者多次發動小規模反攻，均被解放軍擊退。事後，政府在全國組織大規模的反蘇示威遊行，掀起了針對蘇聯的備戰高潮。

尼克遜訪華

　　中蘇關係的全面惡化，使毛澤東轉而採取聯美抗蘇的外交策略。1971年10月，聯合國大會通過阿爾巴尼亞等23國提出的提案，使中華人民共和國取代台灣的「中華民國」，成為聯合國會員國，取得安全理事會常任理事國的地位。1972年2月美國總統尼克遜訪華，中美雙方發表《上海公報》。《公報》把兩國關係置於和平共處五項原則基礎上，包括相互尊重主權和領土完整及互不干涉內政。兩國還同意促進關係正常化。

「文革」十年間中國的對外關係

中蘇關係	● 自 1960 年代以降，中蘇關係持續惡化，中方指責蘇聯領導人為「修正主義者」。 ● 自 1969 年 3 月爆發「珍寶島事件」後，中方視蘇聯在邊境的駐軍為國防上的最大威脅。
中美關係	● 自韓戰以降，中國視美國為最大敵人，竭力宣傳美國對中國的威脅。 ● 中蘇關係的全面惡化，使毛澤東轉而採取聯美抗蘇的外交策略。 ● 尼克遜訪華後，中美關係得到明顯改善。
中國與第三世界國家的關係	● 竭力援助與中國親善的第三世界國家（如北越、北韓、阿爾巴尼亞）。 ● 因得到不少第三世界國家的支持，最終取代台灣成為聯合國會員國，取得安全理事會常任理事國的地位。

反對現代修正主義，毛澤東思想磅礴全球！

打倒英帝！
打倒美帝！

第七章

改革開放的開端

（1977-1989）

毛澤東逝世標誌着中國「不斷革命」時代的終結。未幾他的繼任人華國鋒亦失勢下台，鄧小平在老幹部支持下接掌大權。從本質上而言，後毛澤東時代既是一個最終使鄧小平的權力得到鞏固的過程，也是一個以「清除意識形態」為特徵的過程。這是確立和實施鄧小平改革理念的新階段。鄧小平認為現階段中國的發展路向必須是提高生產力，改善人民的物質生活。在 1980 年代的改革開放事業中，他擔任了「總設計師」的角色，抵抗來自「保守派」的阻撓，為改革開放保駕護航。在鄧小平改革開放政策帶領下，中國經濟飛躍發展，人民生活得到大幅改善，中國邁出走向富強的新一步。

7.1 華國鋒執政

兩個「凡是」

　　毛澤東去世後，華國鋒與中共元老葉劍英、李先念及毛澤東的親信汪東興等人逮捕了「四人幫」。為徹底瓦解「四人幫」勢力，他們改組各省黨委、革命委員會的領導班子，清除「四人幫」的支持者。華國鋒逮捕「四人幫」之舉雖然得到許多幹部擁護，可是他的權力基礎始終相對薄弱。他原是湖南省的地方幹部，「文革」時期得到破格升遷，完全是因為毛澤東提攜所致，政治實力有限；他是文化大革命的受益者，思想格局超越不了對毛澤東的個人崇拜。華國鋒雖然在 1977 年 8 月的中共十一大上宣佈文化大革命正式結束，但為了確立自己作為毛澤東繼承人的地位，除提倡對自己的個人崇拜外，在意識形態上倡導兩個「凡是」，即「凡是毛主席作出的決策，我們都要堅決維護」、「凡是毛主席的指示，我們都始終不渝地遵循」，不願全面否定「文革」路線。

新躍進

　　1977 年 9 月，華國鋒提倡國民經濟必須「出現一個新的躍進局面」，時人稱此為「新躍進」。「新躍進」的主要特點是大量引進外國技術投資和舉借外債，因此亦被稱為「洋躍進」。1978 年 2 月，華國鋒提出「十年規劃綱要」，計劃新建和續建 120 個大型項目。政府在沒有充分考慮財政狀況的情況下，為實施「十年規劃」，決定自該年起進行大量建設項目投資，從國外引進成套設備，進口礦產資源，導致基本建設投資急速膨脹。1978 年政府的基本建設投資共計人民幣 450 億元，比上年猛增 50% 左右，因此造成消費減少，難以改善人民生活和提高工資水平。1979 年政府的財政更出現 170.6 億人民幣的赤字。

「凡是派」與「務實派」的區別

	凡是派	務實派
代表人物	華國鋒、汪東興、陳永貴	陳雲、鄧小平、王震
對毛澤東的態度	倡導兩個「凡是」，不願全面否定「文革」路線。	對毛澤東抱有一種矛盾的心態：一方面對建國初期毛澤東的領導予以絕對尊崇；另一方面主張全面否定「文革」路線，為「文革」時期受迫害的老幹部平反；強調不可盲目遵行毛澤東的決策。
對「四人幫」黨羽的態度	主張縮小打擊「四人幫」黨羽的範圍，以求收編「文革」得益者的殘餘勢力。	主張全面清剿「四人幫」黨羽。
政治實力的比較	成員大多是「文革」時期冒升的政治新貴，在黨內的資歷及對軍方的影響力較小。	大多數成員都是「文革」時期受迫害的老幹部，在黨內的資歷及對軍方的影響力較大。

凡是毛主席作出的決策，我們都要堅決維護；凡是毛主席的指示，我們都始終不渝地遵循。

華國鋒

鬧派性的骨幹分子、打砸搶分子，一個也不能提拔到領導崗位上來！

陳雲

一個人講的每句話都對，一個人絕對正確，沒有這回事情。

鄧小平

7.2 鄧小平的第三次復出

中共十屆三中全會

華國鋒雖然身兼中共中央主席、中央軍委主席以及國務院總理三個重要職位，但其在黨內的資歷及影響力畢竟相對薄弱，為防鄧小平復出，他不斷在各種場合批評鄧小平，可是，黨內要求後者復出的聲音卻日甚一日。1977年3月在中央工作會議上，陳雲、王震等中共元老公開提出讓鄧小平復出的意見，華國鋒被迫同意。同年7月，在中共十屆三中全會上，中央追認1976年10月政治局擴大會議對華國鋒擔任中央委員會主席、中央軍委主席的任命，肯定他的接班是遵照毛澤東生前的安排；鄧小平則恢復被罷黜前的所有黨政軍職務。三中全會同時追認逮捕「四人幫」的合法性，開除王洪文等人的黨籍。

鄧小平整頓科技與教育

1977年7月，鄧小平主動要求承擔整頓科研與教育界的工作。他一反「文革」時期一些人完全否定知識分子的觀點，肯定他們過去在社會主義建設中的成就，提出要「尊重知識，尊重人才」，改善知識分子的待遇。他主張引入外國的科學教材，加強外語教育，改變「文革」時期教育平均主義的做法，建立教育與科研並重的重點大學。同時他堅持恢復考試制度，主張把高等學校的科學研究工作納入國家規劃。在他的主持下，教育部恢復高考制度，高等院校收生標準改以考試成績為主，政治審查主要看本人表現。同年，全國共有570萬人參加高考，高等學校共招收新生27.3萬人；1978年610萬人報考，錄取了40.2萬人。恢復高考為不少「文革」時期上山下鄉的失學青年提供了重返校園的機會。1978年還錄取了一萬名研究生。當中不少青年成為當今中國各行各業的中流砥柱。

鄧小平與毛澤東治國理念之比較

比較事項	毛澤東	鄧小平
中共在社會主義建設上扮演的角色	● 強調中國實施社會主義建設的同時，必須保留中國特色及堅持「無產階級專政」之原則。	● 與毛澤東相近，非常強調「黨的領導」的重要性。
對意識形態的態度	● 傾向於從意識形態的信條出發，採取相對主觀態度與邏輯論證的方式制定政策。	● 傾向以實用主義解決問題，缺乏毛澤東的革命浪漫主義，也沒有嚮往無政府主義的思想。
建設社會主義新中國的理念	● 認為只有不斷進行階級鬥爭，才能保證中國邁向新的無私社會，要全力提防資本主義復辟。	● 主張只有在高度發展的經濟基礎上，才能確保建設社會主義的必要基礎。
對西方資本主義國家的態度	● 認為中國必須「自力更生」進行現代化建設。	● 認為中國有必要向西方資本主義國家學習，因此倡導對外開放。
領導模式	● 提倡個人崇拜。 ● 不願大權旁落，總是希望保留主要決定權。	● 否定個人崇拜。 ● 主張採取集體領導，作出重大決定時，尋求其他領導人的共識。

毛澤東與鄧小平

7.3 真理標準問題大討論與平反冤假錯案

「實踐是檢驗真理的唯一標準」的討論

　　毛澤東時代提倡「階級鬥爭」，不斷發動政治運動批鬥階級敵人。被劃為「黑五類」、「右派分子」的人猶如「政治賤民」，他們本人甚至家屬都在不同程度上遭到歧視。「文革」時期約有 17.5% 的國家幹部被立案審查，造成不少冤案。華國鋒兩個「凡是」的主張，強調毛澤東的決定正確無誤，在這種邏輯思維推衍下，甚至連天安門事件後中央撤銷鄧小平黨內外一切職務，留黨察看的決定也仍然有效。

　　1978 年 5 月，《光明日報》刊登了經中央組織部部長胡耀邦審定的南京大學哲學系教師胡福明的文章《實踐是檢真理的唯一標準》，掀起真理標準問題大討論，質疑兩個「凡是」的正確性。鄧小平首先公開發表意見，認為該文的主張正是毛澤東所說的「實是求是」。各省、市、自治區和大軍區主要負責人，開始陸續發表文章或講話，支持「實踐是檢驗真理的唯一標準」的提法，令兩個「凡是」的主張遭到打擊。

平反冤假錯案

　　同年 10 月，胡耀邦組織寫作班子在《人民日報》發表文章，呼籲落實幹部平反工作。1979 年下半年，中共中央下令為在 1957 年反右運動中被劃為右派分子的公職人員摘去「右派」帽子，被改正的「右派」達 50 萬人以上；後又為全國被劃為地主、富農、壞分子和反革命分子共 2,000 萬人摘去帽子。在原工商業者 86 萬人中，區別出勞動者 70 萬人，宣佈他們已成為「社會主義的勞動者」。截至 1982 年底，全國範圍的平反冤假錯案工作基本結束。據不完全統計，全國共平反約 300 萬名幹部的冤假錯案，47 萬名中共黨員被恢復黨籍。

1978年，歷史的轉折點

面對的問題

應對方法

兩個「凡是」束縛了思想解放，「階級鬥爭」已不再符合中國現實發展的需要。

→

開展「實踐是檢驗真理的唯一標準」的討論，為未來的改革開放政策作準備。

反右運動及「文革」時期產生不少冤假錯案，不利於人民團結一致進行現代化建設。

→

落實幹部的平反工作，以及為被劃為「右派」的公職人員、知識分子摘去帽子。

召開十一屆三中全會，確立「解放思想」、「實事求是」的方針。

被劃為「右派」的幹部、知識分子摘去帽子，獲得新生。

7.4 中共十一屆三中全會與鄧小平時代的到來

重新評價天安門事件與毛澤東時代部分領導人的功過

1978 年 11 月，中共中央召開工作會議。陳雲在分組討論中突然發言，提出要重新評價天安門事件與毛澤東時代部分領導人的功過。他認為要肯定天安門事件是「一次偉大的群眾運動」，主張為彭德懷、薄一波等老幹部平反，及批判毛澤東親信康生的錯誤。在鄧小平等中共元老主導下，會議對「實踐是檢驗真理的唯一標準」的討論作出高度評價，認為兩個「凡是」背離「實事求是」的思想路線，迫使華國鋒在會上作出自我批評。

中共十一屆三中全會

1978 年 12 月，中共在北京召開第十一屆中央委員會第三次全體會議（簡稱「十一屆三中全會」），批判了華國鋒兩個「凡是」的論斷，肯定關於真理標準問題的討論，確立了鄧小平提出的「解放思想，開動腦筋，實事求是，團結一致向前看」的方針。會議又公開摒棄毛澤東時代「以階級鬥爭為綱」的口號，提出要把全黨工作重點轉移到社會主義現代化建設上，必須集中主要精力發展農業，保持國家的政治穩定。會議提出應該調動農民生產的積極性，肯定了生產責任制的意義，從而揭開農村改革的序幕。

華國鋒下台

1980 年 2 月，中共召開十一屆五中全會，宣佈為劉少奇平反，胡耀邦被晉升為中共中央政治局常委，出任中央委員會總書記。同年 9 月，趙紫陽接替華國鋒國務院總理的職務。次年 6 月，在中共十一屆六中全會上，華國鋒被免去中共中央主席、中央軍委主席的職務，改由胡耀邦擔任中共中央主席，鄧小平出任中央軍委主席。從此華國鋒淡出政治舞台。

中共十一屆三中全會主要內容

中國現在發生的變化主要是從十一屆
三中全會開始的。（1984年）

鄧小平

中共十一屆三中全會主要內容

- 批判兩個「凡是」，確立了解放思想、實事求是、團結一致向前看的方針。

- 停止使用「以階級鬥爭為綱」的口號，確定把全黨工作重點轉移到社會主義現代化建設。

- 撥亂反正，審查和解決黨內一批重大的冤假錯案，重新評價一些重要領導人的功過是非。

- 作出改革開放的決策，提出了經濟體制與政治體制改革的任務。

- 決定調整國民經濟，加快農業發展，揭開中國農村改革的序幕。

十一屆三中全會的重大意義：
治國方向的歷史性轉折

- 重新樹立實事求是的思想路線

- 重新確立經濟建設為工作重點

- 作出實行改革開放的重大決策

7.5 鄧小平的農業改革

家庭聯產承包責任制的推行

1978 年中共十一屆三中全會後，政府提高農、副產品的收購價格，縮小農產品的統購範圍和降低徵購指標，為商品市場的發展騰出空間。此外，政府陸續開放和恢復集市，放寬對農村集市貿易的管理，允許部分農產品推向市面銷售，使農民家庭經濟得到迅速發展。

1978 年 12 月，安徽省鳳陽縣小崗村的 20 個農戶私下分田到戶。次年生產隊的糧食產量大幅上升，漸為其他農民所仿效。當時黨內不少高級幹部指責「包產到戶」否定了社會主義集體經濟。在此關鍵時刻，鄧小平發表講話，肯定「包產到戶」有利於發展生產力。此後，以安徽、四川等地為先導，「包產到戶」的政策得到政府的全面肯定。實行「包產到戶」，提高了廣大農民的生產積極性，也改善了農民生活。1984 年全國糧食產量達到歷史上的最高點，比 1978 年增長了 33%，年平均增長達 4.95%。

人民公社的終結

人民公社是毛澤東時代的產物。公社實行「政社合一」體制，既承擔鄉人民政府的行政職能，又起着集體經濟組織的作用。隨着包產到戶的廣泛推行，農村的經濟組織變成以家庭承包經營為基礎的經營體制。生產隊成為生產經營的實體，不再是作為行政組織的人民公社的附屬物。人民公社「政社合一」的體制已經無法適應社會發展之需要，廢除人民公社而重建基層政權組織成為唯一的選擇。1979 年中央政府把四川省廣漢縣等地的人民公社作為撤社建鄉的試點。其後在 1982 年通過的憲法中，正式改變人民公社政社合一的體制，設立鄉政權，規定村民委員會是基層群眾性自治組織。到 1985 年底，全國共建立 9.2 萬多個鄉鎮政府，82 萬多個村民委員會。

鄧小平時代的農業改革

農業改革

目的：
- 提高農民生產意欲。
- 改善農民生活水平。

改革措施：
- 政府提高農副產品的收購價格。
- 縮小農產品的統購範圍和降低徵購指標。
- 落實「包產到戶」。
- 陸續開放和恢復集市，允許農民將部分農產品推向市面銷售。

結果：
- 農民生活得到明顯改善。
- 人民公社體制被廢除。
- 農民家庭經濟得到迅速發展。
- 促進商品市場的發展，為城市經濟體制的改革作了準備。

包產到戶，農民享受到豐收之果。

7.6 城市經濟體制的改革（1）

隨着農村經濟體制改革的推行，城市經濟改革亦邁開步伐。 1979 年至 1983 年間的城市試點改革，主要包括三個內容：

（一）擴大企業自主權。 1978 年 10 月，四川省選擇部分企業進行擴大企業自主權的試點，後逐步擴大至其他城市。改革的具體內容是允許國營工業企業在完成國家確定的生產指標後，可利用剩餘的資金和多餘的利潤自行擴大生產、購買原料和發放獎金，也允許國營企業擁有一定程度的用人權。

（二）改革中央與地方的財政關係。建國初期，政府嚴格執行「統收統支」的財政體制，即將絕大部分的公糧和稅收撥歸中央政府調度使用。自 1980 年起，政府開始實行新財政體制。廣東省、福建省分別實行「定額上交」和「定額補貼」，即以兩省的 1979 年財政收支決算數字為基數，確定上交或補助的數額。雲南、貴州、青海三省和新疆、寧夏、內蒙古、西藏、廣西五個民族自治區則由中央每年予以財政補助。其餘十五個省則劃分中央與地方收入與支出的範圍，按各省情況確定上交比例或中央定額補助。這些改革鼓勵地方政府開源節流，爭取收支平衡，主動規劃和安排地區經濟的發展。

（三）發展集體經濟和個體經濟。「文革」結束後，大量上山下鄉的知青要求回城市就業，促使政府發展各種類型的自負盈虧的合作社和個體經濟，解決嚴峻的就業問題。中共十一屆三中全會以後，中央要求地方適當發展城鎮勞動者個體經濟，使城鎮集體經濟和個體經濟得到快速發展，就業問題得到較好解決。從 1978 年到 1982 年，全國城鎮集體所有制單位就業職工增加 603 萬人，城鎮個體勞動者從 15 萬人增加到 147 萬人。

1979年至1983年間城市改革的主要內容

● 擴大企業自主權：允許國營企業以剩餘的資金和多餘的利潤自行擴大生產、購買原料和對外銷售，也允許國營企業擁有一定程度的用人權。

● 改革中央與地方的財政關係：容許部分省政府擁有一定程度的財政自主權，自行開源節流。

● 發展集體經濟和個體經濟：容許部分勞動人口成為「個體戶」及地方單位興辦「鄉鎮企業」。

經濟發展的三大重點 ➡️
一、農業
二、能源和交通
三、教育和科學

不管白貓黑貓，會抓老鼠就是好貓。

貧窮不是社會主義，發展太慢也不是社會主義。

鄧小平

我們提倡一部分地區先富裕起來，是為了激勵和帶動其他地區也富裕起來。

社會主義必須大力發展生產力，逐步消滅貧窮，不斷提高人民的生活水平。

7.7 城市經濟體制的改革（2）

由於試點改革的成功，自 1984 年至 1988 年間，中央決定全面展開城市經濟體制改革。此時期的改革主要包括：

（一）國有企業的改革。1984 年 10 月，中共十二屆三中全會通過了《關於經濟体制改革的決定》。此後，又出了一系列政策措施，促進城市經濟体制改革的全面進行。企業內部進行了以「廠長負責制」為主要內容的改革，保證廠長在企業生產經營問題上的決策權，減少黨委書記對非政治事務的干預；也一反「文革」時期的做法，允許物質獎勵，恢復獎金制度，允許採用計件工資制，刺激工人提高生產效率。此階段改革的基本思路是：強調政企分開、所有權和經營權分開，實行多種經營方式。多數企業採取了承包經營的方式，部分小企業實行租賃經營，少數企業則成為股份制改造的試點。

（二）經濟調控方式的改革。政府改變過去主要依靠指令性計劃控制企業的做法，縮小指令性計劃範圍，擴大指導性計劃和市場調節的範圍和比重。1987 年與改革前相比，指令性計劃的工業品種由 120 種減至 60 種，國家統配物資由 259 種減至 26 種，國家計劃管理的商品由 188 種減至 23 種。

（三）價格改革。此時期價格改革重要的一步是實行「價格雙軌制」，即同一生產資料，在同一時間、同一市場上，以兩種不同的價格出現：一種是國家定價，一種是市場調節價。「價格雙軌制」衝擊了傳統的計劃體制，為非國營企業的發展提供了生存空間，同時也帶來投機倒把、倒買倒賣、幹部腐化等嚴重問題，令百姓產生嚴重不滿。1988 年 3 月，中央在缺乏準備的情況下，沒有充分考慮國家、企業和群眾的承受能力，大步進行價格改革，決定放開物價管制，取消價格雙軌制，進行「物價闖關」，引發搶購風潮，造成物價暴漲，並成為「六四事件」前夕民怨沸騰的其中一個原因。

1984年至1988年間城市改革的主要內容

● 國有企業改革：實行「廠長責任制」及予以物質獎勵增加生產。

● 經濟調控方式的改革：擴大指導性計劃和市場調節的範圍和比重。

● 價格改革：實行「價格雙軌制」。

「價格雙軌制」的弊端

某些高幹子弟與幹部以國家定價廉價購入貨品，再以市場價格高價出售貨品，牟取暴利。

某些官員倒賣及貪污腐化的行為，引起民眾不滿。

7.8 對外開放與經濟特區的成立

經濟特區的起源

鄧小平時代初期的對外開放，重心是建立經濟特區。創辦經濟特區的最初構想是仿效台灣和一些東南亞國家的做法，設立出口加工區，藉「出口創匯」換取國家工業化急需的各種技術設備。

1979 年 7 月，中央決定試辦深圳和珠海兩個「出口特區」，允許外國企業和其他經濟組織或個人，入境設廠或興辦合營企業。次年將「出口特區」易名為「經濟特區」，批准在廣東省的深圳、珠海和汕頭，福建省的廈門建立「經濟特區」，容許經濟特區實施有異於內地的管理體制，擁有相當程度的自主權。中央政府在特區內實行優惠政策吸引外資，規定特區進口自用的原材料、生產設備和生活用品，除煙酒等少數品種外，免徵關稅，又對特區的企業給予稅務和土地使用優惠。

特區政策的持續

經濟特區的出現，引起保守派的反對，指責特區是「資本主義復辟」的典型。鄧小平再度發揮個人影響力，推動特區政策的貫徹及推廣。1984 年初，鄧小平和楊尚昆、王震等人視察深圳、珠海和廈門特區。鄧小平強調：「特區是個窗口，是技術的窗口，管理的窗口，知識的窗口，也是對外政策的窗口。」同年 4 月，政府進一步開放天津、上海、大連、秦皇島、煙台、青島、連雲港、南通、寧波、溫州、福州、廣州、湛江、北海 14 個沿海港口。1985 年，進一步開放長江三角洲、珠江三角洲及閩南廈門、泉州、漳州三角地帶。至 1988 年 4 月，中央政府更決定成立海南省，把海南島辦成全國最大的經濟特區。

中國的對外開放

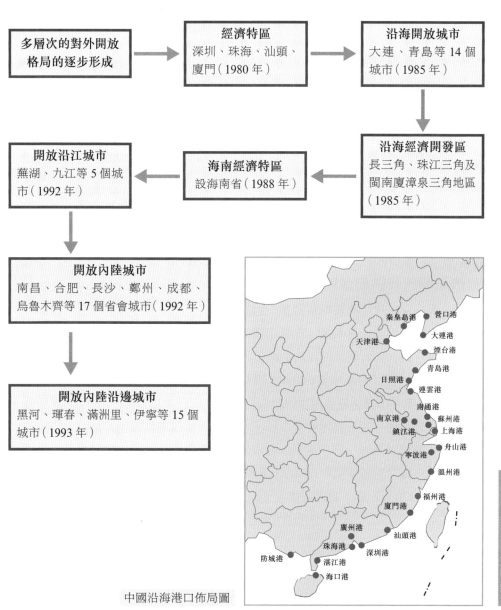

多層次的對外開放格局的逐步形成 → 經濟特區 深圳、珠海、汕頭、廈門（1980 年）→ 沿海開放城市 大連、青島等 14 個城市（1985 年）

沿海開放城市 → 沿海經濟開發區 長三角、珠江三角及閩南廈漳泉三角地區（1985 年）

沿海經濟開發區 → 海南經濟特區 設海南省（1988 年）→ 開放沿江城市 蕪湖、九江等 5 個城市（1992 年）

開放沿江城市 → 開放內陸城市 南昌、合肥、長沙、鄭州、成都、烏魯木齊等 17 個省會城市（1992 年）

開放內陸城市 → 開放內陸沿邊城市 黑河、琿春、滿洲里、伊寧等 15 個城市（1993 年）

秦皇島港　營口港　大連港　天津港　煙台港　青島港　日照港　連雲港　南通港　南京港　蘇州港　鎮江港　上海港　寧波港　舟山港　溫州港　福州港　廈門港　廣州港　汕頭港　珠海港　深圳港　防城港　湛江港　海口港

中國沿海港口佈局圖

7.9 鄧小平時代經濟改革的特點與成效

經濟改革的特點

採取「摸石過河」的漸進政策。在推行重大改革措施前，先選擇一個地區進行試點，然後再逐步推開。這種「摸石過河」與「分區推進」的辦法，進展雖較緩，但亦使經改不致發生過劇震盪，較易被社會接受。

改革自農村起步。「包產到戶」的推行使農業產量大幅提高，且為城市經濟的各種「承包制」提供實證經驗，推動鄉鎮企業發展。

改革的同時，即推行全面開放政策。開放政策使對外貿易大幅上升，廣泛參與國際市場，外資大量湧入，成為經濟發展的原動力。此外，開放政策也利便外國技術引入，提升工業生產力。

改革開放政策的成效

鄧小平時代的改革開放政策，對國民經濟及社會產生深遠影響。改革政策促成中國經濟快速發展，亦令中國經濟由內向型、自足型，轉為外向型、交換型，為對外貿易部門注入生機和活力。從 1979 年改革開始到 1993 年的十五年間，國民生產總值（GNP）增長 2.78 倍，平均每年增長率為 9.3%。至 1993 年，中國鋼產量居世界第三位，僅次於日本及美國。1994 年鋼產量甚至超越美國，躍升為世界第二位。水泥與煤炭產量均居世界首位。公路、鐵路、通訊等基礎設施亦得到大幅改善。改革令內地居民的物質生活得到大幅改善。據官方數字顯示，1993 年內地城鎮居民人均生活費用支出為 2,110 元，同 1978 年比較，實際消費水平約提高 1.2 倍，平均每年提高 5.4%。

鄧小平時代的經濟發展

人均國民生產總值

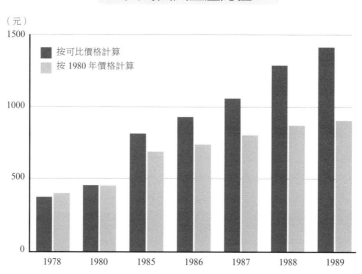

國民生產總值發展速度

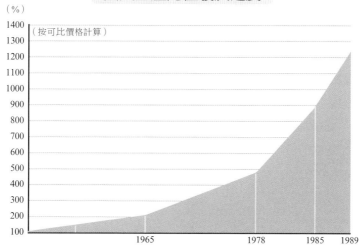

7.10 胡耀邦辭職與中共十三大召開

鄧小平的政治改革理念

鄧小平時代的中國在經濟改革上取得驕人成就，但政治改革的步伐相對緩慢。鄧小平執政初期的政治改革，主要包括兩個方面：首先是恢復中共在「文革」時期遭到破壞的民主集中制組織原則，其次是實現幹部隊伍「革命化、年輕化、知識化、專業化」，使中共的領導更加制度化和規範化。鄧小平認為改革開放政策的成敗，端視乎內地有無安定團結的環境而定，而有安定團結的環境，則必須有賴於共產黨的穩固領導。

胡耀邦辭職

1986 年下半年，鄧小平在談話中多次強調政治體制改革的必要性，引起全國知識界熱烈討論。1986 年 12 月，合肥的中國科技大學爆發學潮，並迅速蔓延至全國。中共中央總書記胡耀邦不願以強硬措施處理學潮，黨內元老遂將矛頭指向胡耀邦。1987 年 1 月中共中央召開會議批評胡耀邦，後者在會上作出檢討，並辭去總書記職務，改由趙紫陽接任。此後，各地普遍掀起「反資產階級自由化」運動，以維護中共的領導地位及維護社會安定。

中共第十三次全國代表大會

1987 年 10 月，中共為加快和深化改革，在北京召開第十三次全國代表大會，趙紫陽歸納鄧小平的思想，在報告中系統地提出「社會主義初級階段論」和「一個中心、兩個基本點」的概念。報告提出中國現正處於社會主義的初級階段，必須加快建立和培育社會主義市場經濟體系。報告表述的社會主義初級階段中共的基本路線，被簡約概括為「一個中心」——以經濟建設為中心，「兩個基本點」——堅持四項基本原則，堅持改革開放。

社會主義初級階段論

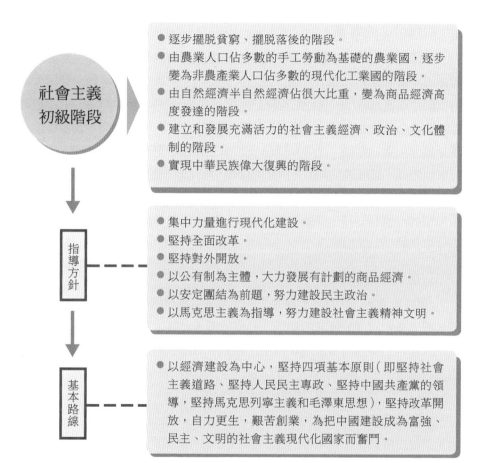

社會主義初級階段

- 逐步擺脫貧窮、擺脫落後的階段。
- 由農業人口佔多數的手工勞動為基礎的農業國，逐步變為非農產業人口佔多數的現代化工業國的階段。
- 由自然經濟半自然經濟佔很大比重，變為商品經濟高度發達的階段。
- 建立和發展充滿活力的社會主義經濟、政治、文化體制的階段。
- 實現中華民族偉大復興的階段。

指導方針

- 集中力量進行現代化建設。
- 堅持全面改革。
- 堅持對外開放。
- 以公有制為主體，大力發展有計劃的商品經濟。
- 以安定團結為前題，努力建設民主政治。
- 以馬克思主義為指導，努力建設社會主義精神文明。

基本路線

- 以經濟建設為中心，堅持四項基本原則（即堅持社會主義道路、堅持人民民主專政、堅持中國共產黨的領導，堅持馬克思列寧主義和毛澤東思想），堅持改革開放，自力更生，艱苦創業，為把中國建設成為富強、民主、文明的社會主義現代化國家而奮鬥。

鄧小平構想的中國現代化建設「三步走」戰略

根據鄧小平的構想，1987 年 10 月，中共十三大正式確定了分「三步走」實現現代化的戰略部署，即：第一步實現國民生產總值比 1980 年翻一番，解決人民的溫飽問題；第二步到 20 世紀末，使國民生產總值再長一倍，人民生活達到小康水平；第三步到 21 世紀中葉，人均國民生產總值達到中等發達國家水平，人民生活比較富裕，基本實現現代化。

7.11 六四事件

「六四事件」的背景

　　毛澤東去世後，中國逐漸浮現出對馬列主義的信仰危機。鄧小平的改革開放政策使國家對知識分子的控制力大不如前。知識分子的言論空間日大，得以較從前更為暢所欲言地批評時政。部分知識分子和學生視「民主化」是消除社會不公平現象的靈丹妙藥，竭力予以宣揚。此外，鄧小平時代貧富差距的重新擴大與通貨膨脹，造成知識分子、學生與民眾對現實日益不滿，某些政府官員的貪污瀆職與「官倒」（官員倒賣商品）現象，更成為輿論的眾矢之的。對胡耀邦的悼念活動恰好為民眾的不滿情緒提供宣洩口，學生的抗議活動激起民眾的同情和支持，同時民眾將自身對現實的不滿投射到政府身上，終於釀成不幸的「六四事件」。

「六四事件」的經過

　　1989 年 4 月，胡耀邦因病逝世。北京一些高校的學生上街遊行，靜坐請願，提出重新評價胡耀邦的功過、公佈領導人及其家屬的財產和收入、徹底否定反精神污染和反資產階級自由化運動、增加教育經費、改善知識分子的待遇等要求。《人民日報》於 4 月 26 日發表社論《必須旗幟鮮明地反對動亂》（即《四二六社論》），將學生運動定性為「動亂」。

　　此時適逢蘇共總書記戈爾巴喬夫（Mikhail Gorbachev）訪華，部分激進學生希望趁此機會，對中央施加壓力，於是宣佈在天安門廣場絕食，要求政府接受學生所有要求，大批市民及外地學生前來響應，局面逐漸失控。在對話及多方說服無效的情況下，中央政治局決定自 5 月 20 日起在北京部分地區實行戒嚴。6 月 4 日凌晨，解放軍戒嚴部隊進入北京城區，強力恢復秩序，天安門廣場上的學生撤出。此後，局勢逐漸平穩下來。

六四事件

背景

過程

- 逐漸浮現對馬列主義的信仰危機。
- 改革開放所帶來的負面影響激起民眾的怨憤。
- 知識分子生活未能得到適當改善，加上他們受西方民主思想影響，認為「民主化」是消除一切社會問題的靈丹妙藥。

1989 年 4 月，胡耀邦逝世引發北京的示威活動。

中央領導人內部出現意見分歧，未能及早妥善處理民眾的不滿情緒。

示威學生與政府的對抗日漸加劇，情況逐漸失控，政府宣佈北京戒嚴。

這場風波是遲早要來的……

1989 年 6 月 4 日，政府出動軍隊強行進城，天安門廣場的學生撤出，秩序漸趨穩定。

鄧小平

中國的問題，壓倒一切的是穩定。沒有穩定的環境，甚麼都搞不成，已經取得的成果也會失掉。

第八章
江澤民時代
(1990-2001)

「六四事件」之後，鄧小平挑選江澤民作為中共總書記。在鄧小平悉心安排下，實現了兩代領導人的平穩交接。江澤民的施政基本上是鄧小平政策的延續，重點有二：一是繼承鄧小平「改革開放」政策，擴大對外開放，加快中國經濟市場化的步伐；二是堅持共產黨領導的原則，繼承鄧小平「建設有中國特色的社會主義」的構想，強調必須根據「社會主義初級階段理論」來界定現實國情與歷史環境，根據現實國情和歷史環境制定適合的路線政策。鄧小平去世後，江澤民更提出「三個代表」思想，以「立黨為公，執政為民」為號召，鞏固中共統治的認受性。

8.1 「六四事件」後中國的困境

西方國家對中國的制裁與東歐的巨變

　　1989 年「六四事件」後，中國的人權問題迅即成為西方國家關注的議題。1989 年 6 月美國總統布殊（George H. W. Bush）在本國輿論壓力下，宣佈對中國實行制裁。在美國帶領下，西方國家相繼效尤。與此同時，以蘇聯為首的東歐社會主義陣營全面崩潰。1989 年秋，象徵着東西德分裂的柏林牆被拆除，次年東德與西德宣佈統一。1991 年 8 月，戈爾巴喬夫辭去蘇共總書記職務，蘇聯隨之瓦解。蘇聯與東歐的劇變無疑是共產主義運動有史以來最慘重的失敗，中共面臨空前的壓力。

鄧小平的應對與江澤民接班

　　面對西方國家的制裁，鄧小平堅稱「世界上最不怕孤立，最不怕封鎖，最不怕制裁的就是中國」，提出「冷靜觀察，沉着應付，站穩陣腳，韜光養晦，有所作為」二十字，作為中國的外交方針。

　　早在「六四事件」期間，鄧小平已決定改換領導階層，以表明反對腐敗的決心。1989 年 6 月，中共召開十三屆四中全會，決定由江澤民出任中央委員會總書記，並提出必須徹底制止動亂，進一步穩定全國局勢，大力加強民主和法制建設，堅決整治腐敗。

　　「六四事件」後，政府採取一系列相應措施以平息民怨，包括解決高幹貪污及其親屬投機倒把的問題，壓抑通脹及整頓經濟，要求全國零售物價升幅逐步下降到 10% 以下。具體措施包括清理在建項目和壓縮投資規模，實行財政金融緊縮政策，對信託投資公司、城市信用社、基金會進行整頓。

鄧小平選擇江澤民作為中共總書記

鄧小平選擇江澤民作為總書記的原因

- ●「六四事件」期間,江澤民來到上海外灘的人群中,勸喻學生停止絕食,成功地以非暴力手段結束上海的示威活動,並向中共中央發出電報,表示完全支持北京實施戒嚴,贏得中共元老的讚賞。

- ● 江澤民出任上海市領導期間政績優秀,加上任內致力打擊貪污腐敗,亦未同任何醜聞牽上關係,並一直支持鄧小平的改革構想。

- ● 江澤民具有專業知識,有助於推行現代化建設。

- ● 鄧小平希望新領導人是「一個不搞小圈子的人」,江澤民在高層沒有關係網,不屬於任何一個派系,跟解放軍也沒有任何關係,正好符合鄧小平的要求。

新的領導班子一經建立了威信,我堅決退出,不干擾你們的事。希望大家能夠很好地以江澤民同志為核心,很好地團結。

江澤民

鄧小平

8.2 鄧小平南巡講話

　　「六四事件」後，改革開放政策不斷受到保守派抨擊，中國經濟增長出現放緩跡象。為了對抗保守派及確保經濟發展，鄧小平於 1991 年春節在上海發表談話，強調不要囿於「姓資（資本主義）還是姓社（社會主義）」的問題，避免錯失發展良機。1992 年 1 月，鄧小平前往武昌、深圳、珠海、上海等地視察，發表講話支持繼續改革開放。他在講話中，對社會主義作了重新詮釋，強調社會主義的本質是解放生產力，發展生產力，消滅剝削，消除兩極分化，最終達到共同富裕。社會主義要贏得與資本主義相比較的優勢，必須大膽吸收和借鑒人類社會創造的一切文明成果，以及當今世界各國的先進經營及管理方法。提出必須加快改革步伐，強調革命是解放生產力，改革也是解放生產力。判斷姓「資」還是姓「社」的標準，應該主要看是否有利於發展社會主義社會的生產力，是否有利於增強社會主義國家的綜合國力，是否有利於提高人民的生活水平。

　　鄧小平發表講話後，江澤民在中央黨校發表講話，支持鄧小平的言論，並進一步提出「社會主義市場經濟」的概念，成為中共十四大的主題之一。

1992 年 1 月，鄧小平南巡，強調中國要堅定不移地走改革開放的道路。

鄧小平建設有中國特色社會主義理論

鄧小平理論的精髓：解放思想，實事求是

- 以實踐作為檢驗真理的唯一標準，恢復馬克思主義的科學精神和創造活力。
- 既尊重和繼承前人的創造，又敢於糾正前人的錯誤，敢於解決前人未曾解決和未曾遇到的新問題，開拓馬克思主義的新境界。

鄧小平理論的關鍵：創新

- 強調中國建設社會主義要走自己的道路，從中國的實際出發，建設有中國特色的社會主義。
- 中國現正處於社會主義初級階段，制定一切方針政策，都必須要以這個基本國情為依據。
- 必須把發展生產力放在首要位置，以經濟建設為中心，推動社會全面進步。
- 實施「三步走」的戰略部署，重視農業問題。
- 改革是一場革命，也是解放生產力，是中國現代化的必由之路，同時強調堅持四項基本原則。
- 改革的目標是在堅持社會主義公有制為主體、多種所有制經濟共同發展和按勞分配為主體的基礎上，建立和完善社會主義市場經濟體制。
- 完善人民代表大會制度及共產黨領導的多黨合作制。
- 在建設物質文明的同時，必須抓好社會主義的精神文明建設。
- 堅持獨立自主的和平外交政策，但必須吸收一切先進文明成果來發展社會主義。
- 以「一國兩制」為原則，解決台灣、香港及澳門問題。

8.3 中共召開十四大

1992 年 10 月，中共召開第十四次全國代表大會，確立了鄧小平建設有中國特色社會主義理論在全黨的指導地位，並提出了中國經濟體制改革的目標是建立社會主義市場經濟體制。江澤民在大會上所作的政治報告，把改革開放以來 14 年的實踐稱為「新的革命」。這場革命的實質和目標是「要從根本上改變束縛我國生產力發展的經濟体制，建立充滿生機和活力的社會主義新經濟體制」。報告又強調改革開放取得成功的根本原因，在於堅持把馬克思主義基本原理跟中國具體實際相結合，並逐步形成和發展了「建設有中國特色社會主義理論」，鄧小平為該理論的創立作出極大貢獻。報告對社會主義作出了新解釋，提出「社會主義的本質，是解放生產力，發展生產力，消滅剝削，消除兩極分化，最終達到共同富裕」，提出中共在社會主義初級階段的基本路線是：「領導和團結全國各族人民，以經濟建設為中心，堅持四項基本原則，堅持改革開放，自力更生，艱苦創業。」

隨後召開的中共十四屆一中全會，選出江澤民、李鵬、喬石、李瑞環、朱鎔基、劉華清、胡錦濤為中央政治局常委會委員，江澤民出任中央委員會總書記及中央軍委主席，成為「第三代中央領導集體」的核心。

中國社會主義市場經濟體制的建立

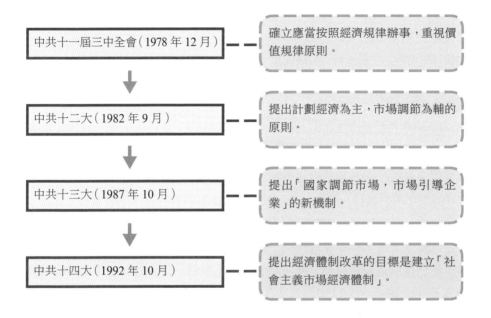

中共十一屆三中全會（1978 年 12 月）--- 確立應當按照經濟規律辦事，重視價值規律原則。

中共十二大（1982 年 9 月）--- 提出計劃經濟為主，市場調節為輔的原則。

中共十三大（1987 年 10 月）--- 提出「國家調節市場，市場引導企業」的新機制。

中共十四大（1992 年 10 月）--- 提出經濟體制改革的目標是建立「社會主義市場經濟體制」。

社會主義市場經濟體制的五大支柱

● 堅持以公有制為主體，多種經濟成分共同發展的方針，推行適應市場經濟要求、以公司制為主要形式的企業制度。

● 建立全國統一開放的市場體系。

● 轉變政府管理經濟的職能，建立宏觀經濟調控體制，保證國民經濟健康運行。

● 建立以按勞分配為主體，兼顧公平的收入分配體制。

● 建立多層次社會保障制度，促進經濟發展和社會穩定。

8.4 宏觀調控

　　所謂「宏觀調控」，是指政府在市場經濟運行的基礎上，綜合運用計劃、政策以及經濟、法律和行政手段，對國民經濟總量運行進行調節和控制。1990 年代中央政府推行「宏觀調控」，其實亦有遏制地方主義的意圖。中央政府通過立法和司法，釐清中央與地方的權限，並增加中央的財政收入，加強對地方的影響力。

　　隨着鄧小平南巡講話後內地經濟的急速發展，各地出現盲目擴張、投資過熱現象，導致經濟結構失衡，貨幣過量發行，引發通貨膨脹。1993 年 1 月，國務院要求銀行限制貸款及貨幣投放。同年 3 月，中央要求地方正視胡亂集資、拆借、房地產熱和開發區熱等問題，其後並派員到地方調查實況。6 月，中共中央、國務院發出《關於當前經濟情況和加強宏觀調控的意見》，提出嚴格控制貨幣發行，穩定金融形勢；堅決糾正違章拆借資金；大力增加儲蓄存款；嚴格控制信貸總規模；堅決制止各種亂集資；加強房地產市場的宏觀管理等十六條措施。1994 年政府為了控制通脹，更利用行政手段加強對物價的監管。

　　在宏觀調控的過程中，政府有計劃地增加對農業、能源和基礎設施的投入，還增加了對效益好、產品銷路好的企業的流動資金貸款，保持生產與市場的活力。

　　經過三年多的努力，宏觀調控取得可觀的成效。經濟增長率從 1992 年的 14.2% 回落至 1996 年的 9.7%，物價上漲率從 1994 年的 21.7% 下降至 1996 年的 6%，從而實現了國民經濟從發展過快到「高增長、低通脹」的「軟着陸」。

宏觀調控的成果

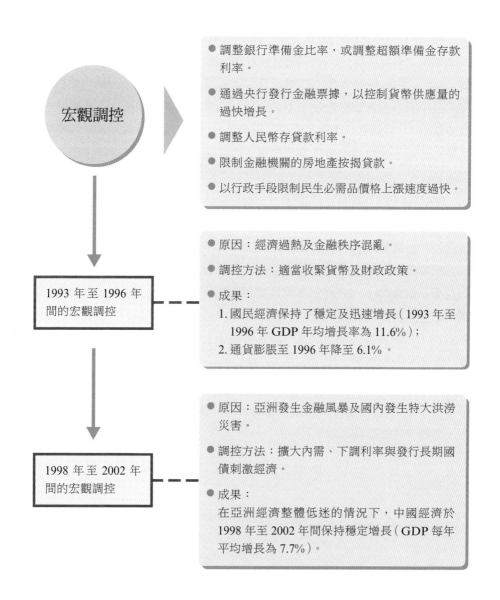

宏觀調控

- 調整銀行準備金比率，或調整超額準備金存款利率。
- 通過央行發行金融票據，以控制貨幣供應量的過快增長。
- 調整人民幣存貸款利率。
- 限制金融機關的房地產按揭貸款。
- 以行政手段限制民生必需品價格上漲速度過快。

1993 年至 1996 年間的宏觀調控

- 原因：經濟過熱及金融秩序混亂。
- 調控方法：適當收緊貨幣及財政政策。
- 成果：
  1. 國民經濟保持了穩定及迅速增長（1993 年至 1996 年 GDP 年均增長率為 11.6%）；
  2. 通貨膨脹至 1996 年降至 6.1%。

1998 年至 2002 年間的宏觀調控

- 原因：亞洲發生金融風暴及國內發生特大洪澇災害。
- 調控方法：擴大內需、下調利率與發行長期國債刺激經濟。
- 成果：
  在亞洲經濟整體低迷的情況下，中國經濟於 1998 年至 2002 年間保持穩定增長（GDP 每年平均增長為 7.7%）。

8.5 江澤民提出「三個代表」

1989 年「六四事件」以後，中共領導人重提以「振奮民族精神」，「鞏固和發展最廣泛的愛國統一戰線」為號召的「愛國主義教育」，防範西方的「和平演變」。江澤民在 1991 年慶祝中共成立七十周年大會上的講話談到：「必須堅持和完善中國共產黨領導制度，不能削弱和否定共產黨的領導，不能搞西方那種多黨制。」但隨着改革開放新時代的來臨，市場經濟帶來社會的急速轉變，民眾對政府施政素質的要求與日俱增，中共要維持執政黨的地位，必須不斷加強執政能力的建設，提高領導水平和執政水平。

2000 年初，江澤民正式提出「三個代表」的理論，認為中共所以贏得人民的擁護，是因為在革命、建設、改革的各個歷史時期，「總是代表着中國先進生產力的發展要求，代表着中國先進文化的前進方向，代表着中國最廣大人民的根本利益，並通過制定正確的路線方針政策，為實現國家和人民的根本利益而不懈奮鬥」。2001 年 7 月江澤民在慶祝中共成立八十周年大會上發表講話，提出政府未來的施政方針必須是「全心全意為人民服務，立黨為公，執政為民」，「堅持為崇高理想奮鬥與為最廣大人民謀利益的一致性，堅持完成黨的各項工作與實現人民利益的一致性」。

2002 年 11 月，中共召開十六大，將「三個代表」理論寫入新修訂的中共黨章內，將「三個代表」理論與馬克思列寧主義、毛澤東思想和鄧小平理論並列，作為中共的指導思想。

「三個代表」理論

三個代表

- ● 中國共產黨代表中國先進生產力的發展要求。
- ● 中國共產黨代表中國先進文化的前進方向。
- ● 中國共產黨代表中國最廣大人民的根本利益。

論民主與人權

江澤民

中國正在社會內部擴大人權，但是不以犧牲穩定為代價。在處理包括人權在內的任何問題時，中國的主權都不容侵犯。

中國人民為了爭取國家獨立，保護人民的基本權利和實現民主，奮鬥了一百多年。今天，中國實行政治改革，就是要建立和完善一種適合中國國情的社會主義民主制度。

8.6 經濟改革的深化

1993 年以後中國經濟改革之特點

　　自鄧小平發表南巡講話後，中國加快對外開放的步伐，全力發展經濟，並從宏觀調控和制度建設兩方面規範中國之經濟活動。1993 年可說是中國經濟改革另一個新階段的開始。1980 年代的改革主要集中於農業和工業兩個領域的市場化改革，中央政府希望以「放權讓利」的手段鼓勵地方發展經濟。在 1993 年以後的改革中，素以嚴厲打擊貪污著稱的國務院副總理朱鎔基，迅速成為經濟改革的代表人物。此階段的改革措施包括從取消雙軌制、財政資源的重新中央集權及宏觀經濟緊縮三方面入手，在此基礎上，改革者把改革重點轉移至銀行體制、稅收體制及企業管治體系等方面，對穩定通貨膨脹、縮減國有企業部門開支收到明顯效果。

進一步拓展對外開放政策

　　踏入 1990 年代，政府首先以開發上海浦東推動開放長江沿岸城市，逐步把長江兩岸建成中國繼沿海以後的一條大的開放帶。1993 年國務院決定對蕪湖、九江、武漢、岳陽、重慶五市也實行開放政策。後又進一步開放內地沿邊城市，以推動內陸省區經濟發展。

　　隨着世界經濟增長與全球經濟一體化、貿易自由化、跨國公司兼併和收購浪潮，國際資金流動和國際間直接投資發展迅速。自改革開放以來，內地採取優惠政策吸引外資，外商直接投資逐年增長。1993 年以後，中國連續九年位列發展中國家吸收外商直接投資（Foreign Direct Investment，簡稱「FDI」）第一名，2002 年首次超過美國，成為世界上利用外商直接投資最多的國家（該年實際外資總數為 4,479.66 億美元）。

1990 年代末期，中國城市的高樓大廈到處可見。

1990年代中國經濟改革之內容

進一步拓展對外開放政策	● 開發上海浦東，藉此推動開放長江沿岸城市。 ● 加速內陸省區的開放步伐。 ● 繼續採取一系列優惠政策吸引外資。
實施宏觀調控	● 政府在市場經濟運行的基礎上，綜合運用計劃、政策以及經濟、法律和行政手段，對國民經濟總量運行進行調節和控制。
落實「政企分離」	● 明確界定政府和企業自身的職能。 ● 對專業經濟管理部門的職權作出明確的限制。 ● 推行國務院向企業派出稽察特派員制度。
銀行制度改革	● 着手把人民銀行變成真正的中央銀行，確定人民銀行貨幣政策的目標是穩定幣值。 ● 允許商業銀行的存款、貸款利率在一定波幅內浮動。 ● 為強化銀行業的競爭，政府增設非國有獨資的股份制銀行（如中國民生銀行和海南發展銀行）。
積極發展證券市場	● 上海、深圳證券交易所先後於 1990 年 11 月、12 月成立。 ● 自 1992 年以後國有企業紛紛上市集資，股票市場發展迅速。
擴大內需推動經濟發展的策略	● 1997 年下半年，亞洲爆發金融風暴後，政府發行長期建設國債約 5,100 億元，主要投資於基礎設施。 ● 採取措施改善民營企業的經營環境，刺激民間投資的積極性。

必須緊緊抓住和十分珍惜當前這一難得的歷史機遇，堅決推進我們醞釀多年想幹而沒條件幹的改革。

朱鎔基

8.7 「科教興國」戰略

鄧小平強調科學技術是第一生產力

1977 年，鄧小平在科學和教育工作座談會上提出：「不抓科學、教育，四個現代化就沒有希望，就成為一句空話。」明確把發展科教作為發展經濟、建設現代化強國的先導，放在中國發展戰略的首位。1978 年 3 月，他再度在全國科學大會上，闡述了科學技術在推進社會及經濟發展中的巨大作用。1982 年 9 月，中共十二大第一次把解決好教育和科學問題列為全黨三大戰略重點之一，要求在 20 世紀末的二十年內必須牢牢抓住這個根本環節。1992 年春，鄧小平南巡時講話，更盼望出國的科技人才回國服務，發展中國的科技和教育事業。

「科教興國」戰略的提出和實施

1995 年 5 月，江澤民在全國科學技術大會上講話，重申鄧小平南巡講話中有關科技與教育的觀點，提出要全面落實科學技術是第一生產力的思想。國家必須把科技和教育擺在經濟和社會發展的重要位置，培養科技人才，增加科技與教育的投入。同年，中共十四屆五中全會通過的《關於國民經濟和社會發展「九五」計劃和 2010 年遠景目標的建議》，把實施「科教興國」戰略列為加速中國社會主義現代化建設的其中一個重要方針。為此，政府除實施優惠政策，鼓勵海外留學生回國發展外，又於 1998 年至 2000 年三年間安排 78 億元國債資金用於科技、教育，建設教學、實驗、科研等高校設施項目 694 個，總建設面積 870 多萬平方米。三年間，政府財政投入教育事業的經費年均增長 15.5%，明顯高於同時期國內生產總值平均增長速度。

第九個五年計劃

推行年期	● 1996 年至 2000 年。
計劃內容	● 全面完成現代化建設的第二步戰略部署，2000 年，在中國人口將比 1980 年增長三億左右的情況下，實現人均國民生產總值比 1980 年翻兩番。
	● 基本消除貧困現象，人民生活達到小康水平。
	● 加快現代企業制度建設，初步建立社會主義市場經濟體制。
成果	●「九五」期間中國的 GDP 從 1995 年的 5.8 萬億元增長到 8.9 萬億元，平均每年增長 8.3%，大大高於同期世界年均增長 3.8% 的水平。
	●「九五」期間是國家財力增長最多的一個時期，累計財政收入達到 5 萬億元。
	● 中國的農產品實現了從短缺到總量供求平衡、豐年有餘的轉變，5 年來每年糧食產量總體上穩定在一萬億斤左右的水平上。

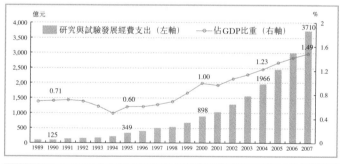

1989年至2007年中國科技研究與試驗發展經費支出增加比率

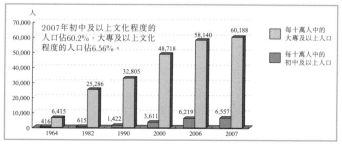

1964年至2007年中國每十萬人中不同教育程度人口增長比率

8.8 「一國兩制」的提出與香港回歸

　　1979 年 3 月，香港總督麥理浩（Crawford Murray MacLehose）前往北京訪問，鄧小平向他表示了中國收回香港的決心。1982 年 1 月，鄧小平在談到台灣問題時，首次使用「一個國家，兩種制度」的概念。9 月，鄧小平會見英國首相戴卓爾夫人（Margaret Thatcher）時，再度重申不論英國同意與否，中國必將於 1997 年收回香港。他承諾中國在收回香港後，香港現行的政治、經濟制度，甚至大部分法律都可以保留。經過多輪談判，英國宣佈同意放棄 1997 年後在香港的治權。1984 年 6 月，鄧小平會見香港工商界訪京團時，進一步明確提出要用「一國兩制」的辦法解決香港和台灣問題，即在內地實行社會主義制度，香港、台灣實行資本主義制度。同年 12 月，戴卓爾夫人與趙紫陽在北京人民大會堂簽訂中英兩國政府《關於香港問題的聯合聲明》，確認中國政府於 1997 年對香港恢復行使主權。隨後中央政府邀請香港各界代表，組成「香港特別行政區基本法起草委員會」，起草《香港特別行政區基本法》。

　　1989 年「六四事件」後，港英政府在未得中方同意下，在 1990 年 3 月把《國際公民和政治權利公約》規定的《人權法案》刊憲，成為香港的法律條文。最後一任港督彭定康（Chris Patten）1992 年上任後，又拒絕先行與中方討論，自行制訂違反《中英聯合聲明》的政改方案，引起中方極大不滿。1997 年 7 月 1 日零時，中國對香港恢復行使主權。交接儀式舉行後，香港特別行政區的首任行政長官董建華宣誓就職。

香港特別行政區首任
行政長官董建華

《香港特別行政區基本法》的主要內容

總則	● 香港實行高度自治，享有行政管理權、立法權、獨立的司法權和終審權。 ● 保持原有的資本主義制度和生活方式，五十年不變。
中央和特別行政區的關係	● 香港是共和國的一個享有高度自治權的地方行政區域。 ● 中央政府負責管理與香港有關的外交事務及防務，軍費由中央政府負擔。 ● 特區政府應自行立法禁止任何叛國、分裂國家、煽動叛亂、顛覆中央政府等行為。
居民的基本權利	● 香港居民在法律面前一律平等，有宗教信仰及人身自由。 ● 永久性居民依法享有選舉權和被選舉權。
政治體制	● 香港特別行政區行政長官對中央政府和香港特別行政區負責。 ● 立法會是香港特別行政區的立法機關，產生辦法根據香港的實際情況和循序漸進的原則而規定。
社會體制	● 香港特別行政區對所有私人產權進行保護。 ● 特區保持財政獨立，中央政府不在香港徵稅。 ● 特區政府在原有教育制度的基礎上，自行制定有關教育的發展和改進政策。
基本法的解釋和修訂	● 基本法的解釋權及修改權，屬於全國人民代表大會常務委員會，任何修改均不得同中華人民共和國對香港既定的基本方針政策抵觸。

香港特別行政區區旗

香港特別行政區區徽

第八章　江澤民時代

8.9 澳門的回歸

澳門問題的起源

明代中葉，葡萄牙人航海東來，1553 年（另一說是 1557 年）透過賄賂地方官員而入據澳門。四百多年間，表面華洋共處，但實質上華人社區與葡人社區是兩個相互隔離的社會，彼此極少往來。澳葡政府對華人社區基本上採取放任不管、任其自生自滅的態度。

一二·三事件

1966 年 12 月，澳門氹仔坊眾因辦學需擴充校舍，多次入稟行政局申請動工，因未有賄賂政府官員而未獲批准，於是先行搭棚施工，澳葡警察到場阻止導致衝突。12 月 3 日，華人舉行大規模示威活動，澳葡警察開槍鎮壓。廣東省主要領導人在集會上作出講話，表示堅決支持澳門華人的抗爭。葡國政府最終宣佈完全接受澳門華人的要求，承擔事件的一切責任，將肇事者撤職查辦。「一二·三事件」對澳葡政府的管治權威和澳門社會產生極大衝擊，親台勢力亦被逐出澳門。1979 年中葡建交，葡方承認澳門只是葡萄牙管理下的中國領土。

從《中葡聯合聲明》到九九回歸

1987 年 4 月，中葡兩國按照《中英聯合聲明》的模式，簽訂《中葡聯合聲明》，規定葡萄牙將於 1999 年 12 月 20 日把澳門交還中國。1991 年 5 月韋奇立總督上任後，尤其是 1993 年 3 月全國人大正式通過《澳門特別行政區基本法》後，澳門正式進入後過渡期。1999 年 12 月 20 日，澳門特別行政區正式成立，何厚鏵獲選就職首任行政長官。

澳門特別行政區首任行政長官何厚鏵

澳門歷史大事表

年份	重要大事
1553 年	葡萄牙佔據澳門。
1622 年	葡人於澳門修築城牆。
1849 年	葡人強行佔領華界的關閘汛牆，擅自擴大澳門領地，後更將澳門鄰近島嶼氹仔、路環置為澳門屬地。
1955 年	葡萄牙政府頒佈澳門海外省組織法，澳門、氹仔、路環合併為「澳門省」。
1966 年	一二·三事件。
1979 年	中葡建交，葡方承認澳門只是葡萄牙管理下的中國領土。
1987 年	中葡兩國簽訂《中葡聯合聲明》。
1993 年	全國人大正式通過《澳門特別行政區基本法》。
1999 年	澳門特別行政區正式成立，何厚鏵獲選就職首任行政長官。

澳門特別行政區區旗

澳門特別行政區區徽

8.10 非公有制經濟的迅速壯大

　　所謂「非公有制經濟」，是指公有制經濟（國家及集體所有制經濟）以外的經濟成分，包括個體經濟、私營經濟、海外資本和外國資本經濟。1997 年 9 月，中共召開第十五次全國代表大會，江澤民在政治報告中再次提出「社會主義初級階段」的說法，要求全面認識公有制經濟的含義，強調非公有制經濟是社會主義市場經濟的重要組成部分。中共對非公經濟的重視除可視為改革開放以來市場化路線的繼續發展外，私營經濟力量的逐漸壯大亦是主要原因。自 1989 年至 2000 年間，私營企業產值的增長幅度每年均為 20% 左右，稅收貢獻的增長幅度更達 56% 以上。不論就經濟實力或對社會經濟發展的貢獻來看，中共再也無法忽視私營經濟與私營企業主的重要性。

　　2001 年 7 月，江澤民發表《七一講話》，承認自改革開放以降，中國產生了民營科技企業的創業人員和技術人員，受聘於外資企業的管理技術人員，個體戶、私營企業主，中介組織的從業人員，自由職業人員等新社會階層，他們也屬於中國特色社會主義事業的建設者，建議把他們當中符合黨員條件的優秀分子吸收入黨。他亦提出中共應該通過加強黨員的思想政治覺悟，不斷增強黨組織在全社會的影響力。《七一講話》發表後兩個月，僅浙江省申請入黨的私營企業主即達 4,000 人，佔全省 18 萬名私營企業主總數的 2.2%。至 2004 年 3 月，全國人大更通過憲法修正案，把「公民的合法的私有財產不受侵犯」的條文列入憲法內。

中國社會主義市場經濟與西方市場經濟之差異

項目	中國社會主義市場經濟	西方市場經濟
公有制的地位	● 國有企業及國有股份企業仍然是國民經濟的主要部分。 ● 在股份制企業中，其股份的三分之二或三分之一由中央或地方政府的國有資產管理局擁有，國有股佔據支配地位。	● 私有企業是國民經濟的主要部分。 ● 絕大部分的股份制企業均由私人持有，政府在一般情況下不予干預。
政黨與政府的作用	● 中共「一黨執政」政治體制框架下進行經濟改革。 ● 在國有企業中黨組織起着政治核心的作用，有權參與經營方針和人事等重要決策。 ● 政府對市場的干預較之西方各國更為有力。	● 奉行「自由經濟」政策，在正常情況下，政府絕不干預市場運作。 ● 政黨與企業完全分離。

江澤民

> 隨着經濟的發展，不能簡單地把有沒有財產、有多少財產當作判斷人們政治上先進與落後的標準，而主要應該看他們的思想政治狀況和實際表現。

非公制經濟 ➡ 個體經濟、私營經濟、海外資本和外國資本經濟。

新社會階層 ➡ 民營科技企業的創業人員和技術人員，受聘於外資企業的管理技術人員，個體戶、私營企業主，中介組織的從業人員，自由職業人員。

8.11 中國加入世界貿易組織

中國加入世貿

　　世界貿易組織（World Trade Organization, 簡稱 WTO）是一個獨立於聯合國的永久性國際組織。其前身是 1948 年開始實施的關稅及貿易總協定的秘書處，1994 年發展成為全球性的貿易組識。世貿組織的主要職能是組織實施各項貿易協定，及解決成員間發生的貿易爭端。1986 年，中國政府正式提出申請，要求恢復中國在關貿總協定中的締約國地位。此後經過長達 15 年的多回合談判，至 2001 年 12 月，中國終於正式加入世貿，成為她的第 143 個成員。

中國加入世貿的條件

　　降低進口關稅。中國同意到 2004 年將其農產品的關稅從總體 31.5% 降到 14.5%，工業產品的關稅將在 5 年內從 35% 降到 17%。

　　允許外國廠商在中國國內市場進行直接銷售。外國生產商（包括汽車公司）將無須通過中國貿易組織，就可以向內地消費者直接銷售其產品；中國也同意開放服務業，外國廠商可在內地提供會計、管理諮詢、建築和工程服務。

　　向更多的外國競爭者開放電信和金融部門。外國投資者將可擁有內地商業銀行 40% 的股份；外國銀行將能以人民幣向內地公司提供服務；外國廠商將可以在證券基金管理合資企業中擁有少數股份，初期為 33%，中國加入世貿後增至 49%。

中國要求加入世貿的原因

根據西方學者東尼・沙治（Tony Saich）的觀點，中國要求加入世貿，原因有三：

一是中共領導人期望通過成為世貿成員所帶來的經濟效益，強化自身統治的認受性。

二是希望利用中國加入世貿的機遇，遏止 1990 年代末中國經濟增長下滑的趨勢。

三是他們擔心若中國延遲加入世貿，該組織將來可能會提高中國加入的門檻，可謂得不償失。

中國加入世貿的利與弊

利	弊
● 降低關稅將導致中國內地消費者使用的農產品和工業產品進口的增加，農產品和工業產品的預期價格將下降，質量將改進，對消費者有利。 ● 外國貨品的競爭將促使內地生產商降低其產品的價格並提高質量。 ● 沿海地區從貿易擴張和勞動密集型產品的增加中可以更多地受益。	● 不少內地企業將在與外國貨品的競爭過程中失敗而結業。 ● 資源密集型行業、化工和汽車工業，可能會因為進口的大量增加而減少其產出，最終導致虧損。 ● 內陸省市，尤其是農業專業化的省市，可能因為外國農產品的大量輸入而遭受損失。

中國作為世界貿易組織的一員，將在履行義務和享受權利之間小心謹慎地求得平衡。

江澤民

隨着改革開放政策的成功，中國逐步進入「小康」社會。可是中國是一個幅員廣闊、人口眾多的世界大國，改革開放令中國從指令式計劃經濟轉化成為市場經濟為主導的國家，在此體制轉換過程中，無疑會衍生出各式各樣的社會與經濟問題，正如國務院總理溫家寶 2003 年底在美國哈佛大學發表演講時所説：「多麼小的問題乘以 13 億，都可以變成很大的問題；多麼大的經濟總量除以 13 億，都可以變為一個很小的數目。」再加上改革開放初期百廢待興，中國改革者只是着眼於創造財富，未有花費太多精力於糾正改革後所產生的社會不公平現象，而這些不公現象又因改革的深化而日益突出，為中國未來發展帶來不穩定因素。有見於此，中共領導人提出各項措施匡正時弊，務求在鞏固現行政治體制之同時，帶領中華民族走向新的復興。

第九章
胡溫新政 (2002-2012)

9.1 中共十六大選出新一代領導人

2002 年 11 月，中共召開第十六次全國代表大會，胡錦濤在大會上作政治報告。會議提出全面建設小康社會的戰略目標；並把「三個代表」思想寫入中共黨章。會議承認中國目前的小康仍然是屬於低水平，必須抓緊時間，在 21 世紀頭二十年全面建設更高水平的小康社會，到 21 世紀中葉基本實現現代化。在這個建設過程中，必須大力實施科教興國戰略和可持續發展戰略，健全現代市場體系，加強和完善宏觀調控，適應經濟全球化和加入世貿組織的新形勢，以開放促進改革，改革造就發展。

十六大也標誌着中共新一代領導班子的形成。大會選出中共中央委員 198 名，候補中央委員 158 名，其中有 50% 以上的委員為新成員。委員的平均年齡為 55.4 歲，50 歲以下者佔 25%，具有大專以上文化程度者佔 98.6%。新的中央委員會選出胡錦濤為中央委員會總書記。原十五屆中央委員會 7 名常委中，只有胡錦濤 1 人留任，江澤民不再進入中央委員會和中央政治局，僅保留中央軍委主席一職。

相對於以前的領導人而言，新一代的領導人顯得更為重視自身的公眾形象，有意識地拉近與民眾的距離。2003 年「沙士」肆虐期間，胡錦濤與溫家寶巡視各地，鼓勵民眾同心抗病。2008 年 5 月，四川汶川大地震後，溫家寶、胡錦濤先後迅速前往災區指揮救災工作，表現出胡溫體制「以人為本」的執政理念。

中國核心領導人的四次世代交替

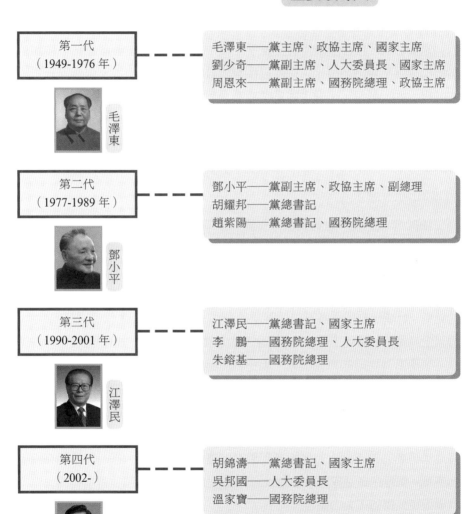

主要領導人

第一代
（1949-1976 年）

毛澤東

毛澤東——黨主席、政協主席、國家主席
劉少奇——黨副主席、人大委員長、國家主席
周恩來——黨副主席、國務院總理、政協主席

第二代
（1977-1989 年）

鄧小平

鄧小平——黨副主席、政協主席、副總理
胡耀邦——黨總書記
趙紫陽——黨總書記、國務院總理

第三代
（1990-2001 年）

江澤民

江澤民——黨總書記、國家主席
李　鵬——國務院總理、人大委員長
朱鎔基——國務院總理

第四代
（2002-）

胡錦濤

胡錦濤——黨總書記、國家主席
吳邦國——人大委員長
溫家寶——國務院總理

9.2 改革開放以來中國社會結構的變化

改革開放前的社會結構

建國初年，推行農業集體化及手工業、工商業社會主義改造後，中國的階級構成逐漸變得簡單化：個體農民變成公社的社員，資本家成為備受歧視的階級，手工業者、小商小販多數成為公有制單位的職工，個體勞動者只剩下 10 餘萬人。居民工作全由國家分配，國營企業的職工更享有從生到死的福利。改革開放前中國主要存在三種身份分：農民、工人和幹部，三者之間的轉換途徑很少，對絕大多數人來說幾乎沒有可能。

改革開放時期的演變

1980 年代以後，隨着實施改革開放政策，開放市場經濟，容許商品經濟的發展，個體戶、私營企業及三資（中外合資、中外合作經營、外商獨資）企業大量湧現，「按勞分配」取代了過去的「大鍋飯」體制，增大了工人間的收入差距，打破了過去社會的穩定狀態，使整個社會呈現為「多層次」及「多群體」的結構。社會流動的性質不再局限於政治性，新興社會階層（如私營企業主、鄉鎮企業職工、農民工等）漸次產生。大量農村剩餘勞動力紛紛到城市尋找工作。東南沿海地區的率先改革，吸引中西部地區各類人員紛紛湧入，產生如深圳般的移民城市。隨着鄉鎮企業和城鎮第二、第三產業的迅速發展，使勞動人口的職業構成亦產生巨大變化。改革開放還帶來一些新的社會問題：國營企業為了提升競爭能力而精簡人手，導致不少工人「下崗」失業，大量農村青壯年勞動力常年外出，也影響到農業、農田水利建設、老人的贍養和兒童的撫養。私營企業更成為中產階級的主要誕生場所，他們屬社會富裕的一群，構成穩定社會的主要力量。

改革開放以來中國社會結構的變化

改革前中國社會的主要組成結構

▼

工人

農民

幹部

推動社會分層的
三種要素

- 市場經濟的活動空間日漸增大。
- 「按勞分配」的工資體制改革。
- 非國有經濟的蓬勃發展，社會流動途徑的多元化。

世紀初中國十大社會階層

- 國家與社會管理者：包括黨政、社會團體等單位中的領導幹部，佔在職人口約 2.1%。
- 經理人員：包括企業中的管理人員，佔在職人口比例約 1.6%。
- 私營企業主：佔在職人口約 1%。
- 專業技術人員：包括在公營及私營機構內工作的專業人員，佔在職人口約 4.6%。
- 辦事人員：包括黨政機關的一般公務員及公營及私營機構內工作的非專業性的文職人員，佔在職人口約 7.2%。
- 個體工商戶：佔在職人口約 7.1%。
- 商業服務員工：佔在職人口約 11.2%。
- 產業工人：佔在職人口約 17.5%。
- 農業勞動者：佔在職人口約 42.9%。
- 城鄉無業、失業者：佔在職人口約 4.8%。

9.3 新時期的人口問題

人口問題之起源

明朝初年，中國只有近 6,000 萬人。自近世以降，中國人口增長迅速。清末已達 4.3 億。建國初年，隨着國民經濟的恢復及醫療衞生條件的改善，人口自然增長率迅速上升。1970 年代中期以後，政府始了解到人口控制之重要性。鄧小平時代，除少數民族地區外，均嚴格執行「計劃生育」。1982 年 12 月通過的新憲法，亦規定「夫妻雙方有實行計劃生育的義務」。可是至 2007 年，內地人口仍增至 13.2 億人，給中國社會帶來沉重負擔。

老齡化及人口比例失調問題

隨「一胎化」政策的施行，內地社會逐漸出現人口老齡化問題。1964 年適齡勞動人口（15 至 64 歲）所佔人口比例為 55.75%，老年人口（65 歲以上）所佔比例為 3.56%，至 2007 年，前者為 72.5%，後者躍升至 8.1%。中國人口老齡化速度之快，高齡人口之眾，為世界史上所未有。老齡人口激增將產生老年人的贍養、醫療保障、社會服務和未來青壯勞動力短缺等問題。

同時，性別比例結構亦出現問題。推行「一胎化」政策後，不少人在婦女懷孕期間常作胎兒性別檢查，若得知是女嬰，常進行人工流產，如生出後是女嬰，偶然會出現溺殺女嬰事件。官方數據指出，2000 年嬰兒出生性別比，男女的比例為 116.9：100，海南省高達 135.64：100。在 0 至 9 歲的人群中，男性比女性多 1,277 萬。2004 年中國有 2,600 萬 20 歲到 44 歲之間的單身漢，到 2020 年該數字將達 3,000 萬，勢將帶來賣淫、拐賣人口等各種社會問題。惟近年因獨生子現象帶來嚴重的經濟和社會問題，2016 年政府全面實施一對夫婦可生育兩個孩子政策。

改革開放以來中國人口數及其構成

人口數及其構成比例

年份	年底總人口（萬人）	男性人口比例	女性人口比例	城鎮人口比例	鄉村人口比例
1978	96259	51.49%	48.51%	17.92%	82.08%
1980	98705	51.45%	48.55%	19.39%	80.61%
1985	105851	51.70%	48.30%	23.71%	76.29%
1990	114333	51.52%	48.48%	26.41%	73.59%
1995	121121	51.03%	48.97%	29.04%	70.96%
2000	126743	51.63%	48.37%	36.22%	63.78%
2001	127627	51.46%	48.54%	37.66%	62.34%
2002	128453	51.47%	48.53%	39.09%	60.91%
2003	129227	51.50%	48.50%	40.53%	59.47%
2004	129988	51.52%	48.48%	41.76%	58.24%
2005	130756	51.53%	48.47%	42.99%	57.01%
2006	131448	51.52%	48.48%	43.90%	56.10%
2007	132129	51.50%	48.50%	44.94%	55.06%

《中華人民共和國憲法》 ➡ 國家推行計劃生育，使人口的增長同經濟和社會發展計劃相適應。

《中華人民共和國人口計劃生育法》 ➡ 公民有生育的權利，也有依法實行計劃生育中負有共同的責任。

9.4 貧富懸殊與失業問題

　　自 1990 年代中期以來，在改革開放步伐加快、中國經濟迅速發展的同時，貧富懸殊問題亦日益突出。官方數據顯示，中國城市收入分配的堅尼係數從 1992 年的 0.25 增長為 2001 年的 0.34。城市中 10% 最富有人口的收入，1992 年是最貧窮人口總收入的 3.3 倍，2001 年上升到 5.4 倍。

　　毛澤東時代，國有企業是內地社會主義的經濟主體。鄧小平時代，隨着推行市場化改革，在日趨激烈的市場競爭中，國有企業普遍出現虧損，部分企業不但缺乏資金擴充生產，連發放工資也成問題。國有企業裁汰冗員，導致不少職工「下崗」。自 1990 年代以來，內地失業率節節升高，城鎮登記失業率從 1992 年的 2.3% 攀升至 2000 年的 3.6%，2008 年更達 4%。2001 年 12 月底，全國國有企業下崗職工達 515 萬人，描寫下崗工人苦況的「下崗文學」流行一時。

　　1996 年 9 月，中共在北京召開中央扶貧開發工作會議，提出扶貧工作要實行責任制，各級黨政領導幹部要親自組織本地區的扶貧工作。為了幫助失業人士，中國政府開始導入失業保險制度與最低生活保障制度。1999 年頒佈了《失業保險條例》，規定城市的企事業單位及其員工都必須遵守失業保險制度；又頒佈了《城市居民最低生活保障條例》。2008 年底，全國領取失業保險金人數為 261 萬人，全年 2,334 萬城市居民得到政府最低生活保障，4,291 萬農村居民得到政府最低生活保障。

　　有鑑於每年高等院校畢業生數量不斷增加，構成龐大的就業壓力，政府亦不斷提倡發展第三產業（主要是服務葉），吸納新增的就業人口與下崗人口。

何謂「堅尼係數」？

甚麼是「堅尼係數」？

「堅尼係數」（Gini coefficient）是20世紀初義大利經濟學家堅尼提出的有關收入分配公平程度的衡量指標。該係數為比例數值，在0和1之間：數字越小，表示收入分配越是趨向平等；數字越大則收入分配越是趨向不平等。學術界通常把0.4作為收入分配差距的「警戒線」，超過這條「警戒線」便很容易引起社會動盪。

「下崗」是甚麼？

「下崗」是指企業職工失去或離開原有的工作崗位。在毛澤東時代，所有職工的崗位普遍由國家分派，職工進入國營企業工作，即享受該企業所提供之各種福利。改革開放以來，國營企業因實行自負盈虧而裁汰冗員，導致不少未達到退休年齡的工人喪失工作，僅依靠領取企業發放的微薄津貼度日，形成嚴重的社會問題。

9.5 區域發展的不平衡

不平衡產生的原因

中國幅員廣闊，各地的地理條件、資源、經濟和社會發展水平存有極大差異。沿海地區由於地理和歷史因素，擁有較優越的社會經濟條件，發展自然較快；西部地區（包括四川、重慶、貴州、雲南、廣西、西藏、陝西、甘肅、青海、寧夏、新疆、內蒙古）則因地處內陸，整體經濟發展水平相對落後。

進入 1980 年代，中國實行改革開放政策，由於東部地區城市化水平和工業化水平比較高，因此從改革中更易獲得較大收益。1980 年代中期逐漸建立的經濟特區、對外開放城市和經濟開發區，大部分都位於沿海地區，使該地區再次得到改革和發展的先機。此外，內地經濟增長的主力是以鄉鎮企業為代表的非國有經濟，而東部地區本來就具有鄉鎮企業的較佳基礎，對外開放政策又為這一地區引進外資，進一步推動了當地的經濟發展。在沿海地區依靠特殊政策和率先改革實現高增長的同時，中國西部地區發展相對緩慢，更加凸顯了區域發展不平衡現象。

負面影響

區域發展的不平衡，對中國未來的發展造成負面影響。西部不發達地區大都是少數民族集中居住的地區和邊境地區，如長期處於不發達和貧困狀態，會引起一系列政治問題，威脅國家的統一和安全。有見及此，2000 年，國務院成立西部地區開發領導小組，領導實施「西部大開發」戰略，加快中西部地區發展。2007 年，中共十七大提出要繼續實施區域發展總體戰略，深入推進西部大開發，鼓勵東部地區帶動和幫助中西部地區發展。

高鐵的興建與互聯網商貿的發展，也有助改善內陸經濟的發展，有助紓緩東西區域的經濟差距。

西部大開發計劃之內容

加快西部地區的基礎建設	<ul><li>興建青藏鐵路。</li><li>西氣東輸：通過加快建設天然氣輸送管道，將新疆、青海、川渝和鄂爾多斯四大氣區生產的天然氣輸往內地。</li><li>西電東送：把貴州、雲南、廣西、四川、內蒙、陝西、山西等西部省區的電力資源輸送到電力緊缺的廣東、上海、江蘇和京、津地區。</li></ul>
加強西部地區的生態環境保護和建設	<ul><li>撥款加強水資源的保護，並推行「退耕還林」政策。</li><li>要求長江和黃河上游地區把不適宜耕種的土地重新建設成草地和林地，恢復生態平衡。</li></ul>
加快西部地區改革開放步伐	<ul><li>增加對西部地區的財政支持。</li><li>把沿海地區的開放政策擴大到西部地區，加快財政、金融和價格體制改革，按照公司化的方向進行西部地區國有企業的改革。</li></ul>
優先發展科學技術和文化教育衛生事業	<ul><li>政府設立各項科技基金，籌措各種支持科技發展的資金，傾斜地投向西部地區。</li><li>對當地的教育、衛生事業給予重點投資，幫助提高西部地區人文發展水平。</li></ul>

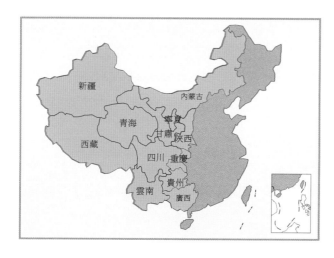

中國西部地區圖

9.6 「三農」問題及對策

所謂「三農」問題，是指農業、農村、農民問題。「三農」問題的癥結在於「農民很苦、農村很窮、農業很危險」。

戶籍制度與農民問題

中國的「戶籍制度」將人民區分為農村戶口和城鎮戶口兩大類，亦使中國成為「城鄉二元結構的社會」。城鎮居民享有名目繁多的福利補貼收入，如生活消費品財政補貼，退休、退職、離休費，職工死亡喪葬及家屬撫養費，公費醫療和統籌醫療等，農民卻未能享受任何福利。自農村實行家庭聯產承包責任制，糧食產量年年增長，農民的收入升幅較快。可是從 1985 年起，政府為維持社會穩定，限制農產品的升幅，導致工農產品剪刀差（即工業產品價格與農產品價格之間的差額）的不斷擴大；政府對農業基本建設投資的忽視，以及假種子、假肥料等坑農事件的日益嚴重等因素，農民收入呈現下降趨勢，有時即使增產也不增收，甚至出現生產成本高於收入的情況，農民收入每況愈下，城鄉差距日趨擴大。不少青壯年農村人口流入城市尋找生計，形成農民工群體。據估計，2005 年全國農民工總數達 1.3 億人左右。

政府解決農民問題的努力

面對日趨嚴重的「三農」問題，中央政府積極尋求解決辦法。自 1986 年起，政府多次實施扶貧計劃，希望能解決農村貧困人口的溫飽問題。2002 年起內地部分省市開始實施「稅費改革」，目的是廢除農民所負擔的各種雜費。溫家寶在 2004 年的政府工作報告中，宣佈五年內全部廢除農業稅。胡錦濤亦在 2004 年底中共十六屆四中全會上提出「工業反哺農業、城市帶動農村」的「兩個趨向」，表明了中國政府解決「三農」問題的決心。2014 年政府發表《關於進一步推進戶籍制度改革的意見》，要求建立城鄉統一的戶口登記制度，使非城鎮戶籍人口得以入戶城鎮，標誌着「農業」和「非農業」二元戶籍管理模式退出歷史舞台。

改革開放以來內地城鄉居民收入概況

年份	全國農村居民平均純收入	城鎮居民平均可支配收入	城鄉差距指數
1980	191.3	477.6	2.50
1985	397.6	739.1	1.86
1990	686.3	1,510.2	2.20
1995	1,577.7	4,283.0	2.71
2000	2,253.4	6,280.0	2.79
2005	3,254.9	10,493.0	3.22
2008	4,700.0	15,800.0	3.38

「三農」問題 - - - ► ● 農業問題
● 農村問題
● 農民問題

► 癥結：農民很苦，農村很窮，農業很危險。

▼

中國政府解決「三農」問題的對策

● 為農村剩餘勞動力創造更多就業機會。

● 減除農民沉重的財政負擔。

● 調整農業的產業結構。

● 加強農村的扶貧工作，增加對農村基建的投入。

9.7 中美關係

1970 年代中美關係逐漸得到改善，與蘇聯因素直接相關。及至 1980 年代，蘇聯對美國採取和解政策，由是戰略意義逐漸在中美關係中失去主導地位。另一方面，中國「改革開放」政策為美國的貿易和投資創造了誘人前景，亦使美國人重新產生了用美國價值觀改變中國，按美國模式改造中國經濟制度的興趣，從而盡力支持中國重返國際社會的舞台。

而從 1992 年起，美國國內響起了「中國威脅論」的聲音，主要論點包括：（一）中國的強大是國際和平與穩定的最大挑戰；（二）中國民族主義的興起與軍事力量的上升，將填補前蘇聯與美國過去在太平洋的霸權地位；（三）應積極防範中國的崛起，因為崛起的中國不可能完全維持國際現狀。另外，近年不斷擴大的中美貿易逆差引起美國國內製造業的抗議，亦成為中美關係中的一個重要議題。

2001 年「9‧11」事件後，中國堅決支持打擊恐怖主義的戰爭，使美國不再視中國為最大的潛在威脅。2007 年 6 月，胡錦濤就發展中美關係提出五點意見：一是繼續培育戰略互信；二是共同維護台海和平穩定和中美共同戰略利益；三是通過平等對話和協商妥善處理經貿摩擦，避免經貿問題政治化；四是拓展能源、環境保護、氣候變化等領域合作；五是加強在重大國際和地區問題上的磋商和協調。2008 年美國面對金融海嘯的衝擊，新任總統奧巴馬亦表示將會非常重視與中國的經濟合作關係。2009 年 4 月 1 日，胡錦濤與奧巴馬在倫敦會晤，確定了「共同努力建設 21 世紀積極合作全面的中美關係」的新定位，並同意建立中美戰略與經濟對話機制。

《人民日報》號外報導中美建立外交關係

1990年代以來美國有關中美貿易不公的指控：觀點與事實

觀點	事實
中國以不合理的售價向美國傾銷產品	● 在華美資企業的出口貨品額，約佔中美貿易逆差的60%。在此一產業鏈中，中國得到的只是微薄加工費和就業機會，絕大部分收益歸於美國投資者。 ● 中國貨品競爭力主要是來自低勞動成本。
不少本來在美國的生產線轉移到中國，導致美國本土工人失業	● 中國對美國的出口中勞動集約型商品比重很高，其中大部分是以前日本或亞洲新興工業地區對美國出口的主要商品。 ● 美國國內同類產品的生產能力自1970年代以後持續下降，現在很多產品的國內生產已銷聲匿跡，因此，進口的增加對美國國內的就業影響甚微。
中國人漠視知識產權，盜版商品充斥國內，甚至出口到外國	● 近年中央政府已致力打擊盜版活動，唯地方政府因執法不力，民眾保護知識產權的意識相對薄弱，情況有待改善。
中國產品品質低劣，危害消費者健康	● 中國出口產品質量經美國有關方面檢驗，其不合格率較不少第三世界國家為低。但中國政府對產品質檢確有監管不力之嫌，受害者不單是外國消費者，也包括本國居民（如三鹿奶粉事件）。

2009年2月21日，胡錦濤接見訪華的美國國務卿希拉里。希拉里稱：「中美關係開啟了積極合作的新時代。」

9.8 中俄（蘇）關係

中蘇關係的改善

中蘇兩國自 1969 年「珍寶島事件」後，雙方關係陷於對立狀態。1978 年鄧小平提倡「改革開放」，客觀上為中國調整對蘇關係奠定基礎。自戈爾巴喬夫出任蘇共中央總書記後，中蘇關係改善的步伐日漸加快。戈爾巴喬夫宣佈將在亞洲地區縮減兵力 20 萬人，並從阿富汗分階段撤軍。隨後越南亦從柬埔寨撤軍，清除了中蘇發展友好關係的障礙。1989 年 5 月，戈爾巴喬夫訪華，這是自 1959 年 10 月以來蘇聯最高領導人對中國進行的首次訪問，實現了國家和黨際關係的全面正常化。

「戰略協作夥伴關係」與上海合作組織的成立

隨着蘇聯的解體，美國成為世界上唯一的超級大國。中共領導人認為冷戰後世界秩序的不穩定因素勢將加劇，可能會對新疆等地少數民族的獨立運動起着鼓動作用，故此希望增強中俄的合作關係。對俄羅斯而言，冷戰後由於美國主導下的北大西洋公約組織一再東擴，向東歐和中亞國家不斷滲透，使俄羅斯的戰略空間備受擠壓，由是俄羅斯也開始注重對華外交。

2000 年普京執政後，進一步認定與中國發展合作關係為本國所需要，2001 年 6 月，中國、俄羅斯、哈薩克、塔吉克、吉爾吉斯、烏茲別克六國簽訂了《上海合作組織成立宣言》，規定成員國將在打擊國際恐怖活動、宗教極端主義、經濟發展等方面加強合作。7 月，江澤民訪俄，與普京簽訂《中俄睦鄰友好合作條約》，確立了兩國「世代友好，永不為敵」的合作原則，令中俄關係的發展步入新階段。2005 年 6 至 7 月，胡錦濤訪俄，並簽署《中俄關於 21世紀國際秩序的聯合聲明》和《中俄聯合公報》，確定了兩國關係進一步發展的方向。

當代中俄關係

影響當代中俄關係的因素

- 中俄兩國貿易的互補關係及俄國居民的反華情緒
- 中俄兩國的邊界爭議
- 中俄兩國對於各自國內少數民族分離主義及宗教極端主義的關注
- 中國與俄羅斯在能源與天然資源上的合作關係
- 兩國對中俄戰略合作關係之理解

溫家寶

我們將堅持與鄰為善、以鄰為伴,繼續實行睦鄰、安鄰、富鄰的政策,致力於同俄羅斯全力發展戰略協作夥伴關係。

中俄合作	日期
中蘇建交	1949年
《關於世紀之交的中俄關係的聯合聲明》	1998年
《中華人民共和國和俄羅斯聯邦睦鄰友好合作條約》	2001年
《中華人民共和國和俄羅斯聯邦關於中俄國界東段的補充協定》	2004年
《關於21世紀國際秩序的聯合聲明》	2005年
《中俄聯合公報》	2005年
中俄邊界確認	2008年

9.9 中日關係

　　自 1972 年中日建交以來，中日經貿關係發展異常迅速。當時中日兩國貿易處於垂直分工狀態：中國對日本主要出口資源和原油，滿足日本工業需要；日本對中國出口機械設備，滿足中國工業化的發展。日本並對中國給予巨額貸款，加強中日經濟合作。1979 年日本向中國貸款 550 億日元，協助中國進行現代化建設，成為鄧小平時代世界上第一個向中國提供政府貸款的國家。1992 年 4 月江澤民出訪日本，10 月日本明仁天皇訪華，標誌着中日友好關係發展的高潮。當年中日貿易增長 26%，日本對華直接投資項目比上年增長 201.3%，日本成為中國最大的貿易夥伴。據日本財務省統計，1990 年至 2003 年日本對華貿易總額增長 6.3 倍，由 182 億美元增至 1324 億美元。

　　2001 年小泉純一郎出任日本首相後，中日關係出現「政冷經熱」的現象。由於小泉堅持參拜供奉第二次世界大戰時期日本戰犯的靖國神社，在他任內五年多時間裏沒有一次正式訪華。相對而言，2003 年中日貿易額增長了 31.1%，日本對華直接投資合同金額也增加 50% 以上。面對中國的迅速崛起，日本國內部分人士認為中國的競爭令日本經濟喪失高速增長的優勢，中國軍事力量的增強在未來亦可能對日本構成威脅。因此他們建議要加強與美國、南韓、印度等國的聯繫，藉此平衡中國勢力。自 2006 年起，隨着中國領導人多次出訪日本，兩國的官方關係得到大大改善。2008 年 5 月，胡錦濤訪日時強調，中日關係正站在新的歷史起點上，雙方應共同努力開創中日戰略互惠關係全面發展新局面。

當代中日關係

影響當代中日
關係的因素

- 中國威脅論
- 釣魚台領土主權爭議
- 日本政要參拜靖國神社問題
- 日本篡改教科書侵華史實問題
- 中日兩國民眾的敵對情緒

溫家寶

中日友好是大勢所趨、人心所向，符合兩國人民的根本利益，有利於亞洲的和平與發展。

2008 年 5 月，胡錦濤訪日（右為當時的日本首相福田康夫）。

215

9.10 台灣問題

1949 年國共內戰結束，蔣介石率國民黨軍隊退守台灣，開始了海峽兩岸的對峙。鄧小平執政後，中國政府視台灣統一和港澳回歸為施政的重要任務。1979 年元旦，全國人大常委會發佈《告台灣同胞書》，宣告自即日起停止對金門外島的炮擊，呼籲兩岸共同商談，早日實現兩岸的三通（通商、通郵、通航）與四流（科技、體育、文化與經濟交流）。其後台灣領導人蔣經國允許民眾經其他國家或地區赴大陸探親，促進兩岸文化與經濟的交流。

1992 年 11 月，大陸的海峽兩岸關係協會與台灣的海峽交流基金會，就解決兩會事務性商談中，如何表明堅持一個原則的態度，達成以口頭方式表達的「海峽兩岸均堅持一個中國原則」的共識（即「九二共識」）。1993 年 8 月，中國政府發表《台灣問題與中國統一》白皮書，提出對台灣的「和平統一、一國兩制」政策，而台灣領導人李登輝則發表「一個中國指向的階段性兩個中國政策」及「一個分治的中國」的言論，令兩岸停止對話。1995 年 1 月，大陸方面，江澤民提出發展兩岸關係，推進和平統一進程的八項主張（即「江八點」）；台灣方面，李登輝訪問美國，使中國政府大感不滿，兩岸關係再度緊張。1999 年 7 月，李登輝接受「德國之聲」專訪，正式提出「兩國論」，將兩岸關係定位在「特殊的國與國關係」。

2000 年至 2008 年民進黨執政時期，陳水扁多次提出台獨公投的建議，使兩岸關係陷入僵局。其間，2005 年 4 至 5 月，國民黨主席連戰率團訪問大陸，受到胡錦濤接見，並共同發佈了《兩岸和平發展共同願景》。2008 年國民黨候選人馬英九在台灣的「總統」大選中獲勝執政，他雖然在當選前曾公開聲稱「一國兩制」並不適合台灣的特殊情況，但他的當選無疑為兩岸關係的改善帶來契機。同年 7 月 4 日，兩岸實現包機直航。12 月 15 日，實現海運直航。12 月 31 日，胡錦濤發表講話，提出進一步發展兩岸關係的六點意見：恪守一個中國的原則，增進政治互信；推進經濟合作，促進共同發展；弘揚中華文化，加強精神紐帶；加強人員往來，擴大各界交流；維護國家主權，協商對外事務；結束敵對狀態，達成和平協定。

兩岸關係之演變 (1950–2008)

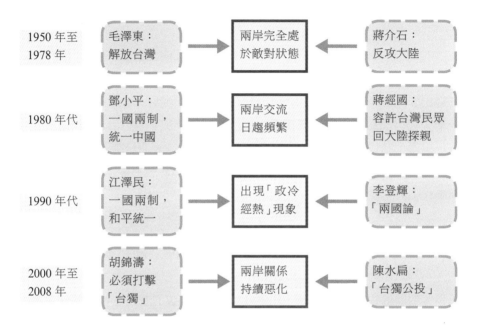

1950 年至 1978 年	毛澤東：解放台灣	→	兩岸完全處於敵對狀態	←	蔣介石：反攻大陸
1980 年代	鄧小平：一國兩制，統一中國	→	兩岸交流日趨頻繁	←	蔣經國：容許台灣民眾回大陸探親
1990 年代	江澤民：一國兩制，和平統一	→	出現「政冷經熱」現象	←	李登輝：「兩國論」
2000 年至 2008 年	胡錦濤：必須打擊「台獨」	→	兩岸關係持續惡化	←	陳水扁：「台獨公投」

台灣地區圖

2008 年 3 月，馬英九當選台灣地區領導人，為兩岸關係的改善帶來契機。

9.11 胡溫改革的新思維

科學發展觀

2003 年 10 月 14 日，胡錦濤在中共十六屆三中全會上，提出「堅持以人為本，樹立全面、協調、可持續的發展觀，促進經濟社會和人的全面發展」，並提出了「五個統籌」（即統籌城鄉發展、統籌區域發展、統籌經濟社會發展、統籌人與自然和諧發展、統籌國內發展和對外開放），堅持以經濟建設為中心，以優化結構、提高效益為基礎，把握機遇加快經濟發展。該次會議將胡錦濤的講話精神寫入最後決議，後來被歸納為「科學發展觀」，正式被確立為新時代中共的執政理念。

「和諧社會」的理念

2004 年 9 月，中共十六屆四中全會提出「構建社會主義和諧社會」的概念。2006 年 10 月，中共十六屆六中全會更作出《構建社會主義和諧社會若干重大問題的決定》，提出將「和諧社會」作為執政的戰略任務。該理念的主要目標和任務是：完善社會主義民主法制，全面落實依法治國基本方略，切實尊重和保障人民的權益；逐步扭轉城鄉、區域發展差距擴大的趨勢，合理有序的收入分配格局基本形成，家庭財產普遍增加，人民過上更加富足的生活；社會就業比較充分，建立覆蓋城鄉居民的社會保障體系；基本公共服務體系更加完備，提高政府管理和服務水平；提高全民族的思想道德素質、科學文化素質和健康素質，形成良好道德風尚、和諧人際關係；增強全社會創造活力，建設創新型國家；社會管理體系更加完善，社會秩序良好；提高資源利用效率，生態環境明顯好轉，努力形成全體人民和諧相處的局面。

科學發展觀的內容

科學發展觀

- 第一要義是發展。牢牢抓住經濟建設這個中心，堅持聚精會神搞建設，一心一意謀發展，不斷解放和發展社會生產力。

- 核心是以人為本。全心全意為人民服務，尊重人民主體地位，發揮人民首創精神，保障人民各項權益，走共同富裕道路。

- 基本要求是全面協調可持續。堅持生產發展、生活富裕、生態良好的文明發展道路，建設資源節約型、環境友好型社會。

- 根本方法是統籌兼顧。要正確認識和妥善處理中國特色社會主義事業中的重大關係，統籌城鄉發展、區域發展、經濟社會發展、人與自然和諧發展、國內發展和對外開放、中央與地方關係等。

和諧社會

構建和諧社會的總要求

- 民主法治
- 公平正義
- 誠信友愛
- 充滿活力
- 安定有序
- 人與自然和諧相處

構建和諧社會的宣傳畫

9.12 向公共服務型政府的轉型

隨着中國經濟體制改革的穩步推進及市場經濟的快速發展，社會管理和公共服務的需求與日俱增，民眾對公共安全、公共醫療、義務教育、社會保險各方面的公共服務的質量要求越來越高，給政府加強社會管理和公共服務職能提出了嚴峻而迫切的重大課題，尤其是 2003 年的「沙士」危機，凸顯了政府之社會管理和公共服務職能的嚴重不足。這種局面使當政者意識到除了加強經濟建設外，政府還必須加強社會管理與公共服務職能，努力建設公共服務型政府。

2003 年 2 月，中共召開十六屆二中全會，審議通過《關於深化行政管理體制和機構改革的意見》，提出要充分認識行政管理體制和機構改革的必要性，按照十六大提出的要求深化改革，進一步轉變政府職能，創造公正透明、廉潔高效的行政管理體制。據此理念，政府不斷加大公共服務的投入力度。2003 年中央財政全年用於教育、衞生、科技、文化、體育事業的支出達 855 億元，2004 年支出達 987 億元，2005 年更增至 1,168 億元。通過不斷加大對公共服務的投入，政府的公共服務水平得到了提高，使中國政府公共服務的許多重要指標都從低收入國家的行列躍升到下中等收入國家的行列。政府亦開展新型農村合作醫療制度和醫療救助制度試點，受惠地區達 671 個縣，惠及 1.77 億農民；同時也加強了愛滋病及禽流感疫情的防控工作。

江澤民與胡錦濤執政時期
政府施政重點之比較

江澤民

VS

胡錦濤

比較項目	江澤民執政時期	胡錦濤執政時期
施政方針	● 施政重點偏重於如何創造財富及發展經濟。	● 在發展經濟之餘，盡力解決過去改革開放所帶來之社會矛盾。
政治	● 提出「三個代表」理論，將中共從「革命黨」轉化為代表所有階層的「執政黨」，務求強化中共的執政基礎。 ● 強調「以法治國」及強化人大與政協的實際地位。	● 提倡以「鄧小平理論」、「三個代表」和「科學發展觀」為指導思想，強調在中共的領導下繼續全面建設「小康社會」。 ● 進一步提升人大及政協對政府的監督功能，擴大制訂政策的民意基礎，建立「公共服務型政府」。
經濟	● 實施「宏觀調控」及提升私營經濟的地位。	● 強調「科學發展觀」，在發展經濟的同時，鼓勵加強技術研究及產業升級，加強節約能源及環境保護，增強可持續發展能力。
社會	● 在注重發展經濟的同時，未能很好解決社會不公問題。	● 更為注意普通民眾的利益。 ● 提倡建設「和諧社會」的理念。

9.13 中共召開十七大

十七大的內容

　　2007 年 10 月，中共召開第十七次全國代表大會。大會主題是：深入貫徹落實科學發展觀，繼續解放思想，堅持改革開放，推動科學發展，促進社會和諧，為奪取全面建設小康社會的新勝利而奮鬥。

　　胡錦濤在大會報告中除重新強調「科學發展觀」的重要性外，在經濟建設上，提出實現全面建設小康社會奮鬥目標的新要求，在優化結構、提高效益、降低消耗、保護環境的基礎上，實現 2020 年人均國內生產總值較 2000 年倍增的目標。在政治改革上，他認為必須發展社會主義民主政治，在黨的領導下拓闊民主渠道，依法實行民主選舉，保障人民的知情權、參與權、表達權和監督權；全面落實依法治國的基本方略，加快推進以改善民生為重點的社會建設。大會通過了《中國共產黨章程（修正案）》，同意將「科學發展觀」寫入黨章，並選出新一屆的中央委員會。

新領導班子的特點

　　十七大選出的中央新領導班子，表現出中共領導層的年輕化及其改革決心。十七大的與會者，每人獲派「民主推薦票」，以差額選舉形式推薦新的政治局成員，顯示出中共嘗試從根本上改變黨內最高層政治局的權力來源及權力授予方式，為中共領導層建立制度化、規範化的產生機制向前邁步。本屆政治局委員首次包括共和國成立以後出生的新一代，所有委員全都具有大學學歷，大多數成員均擁有地方領導經驗，有利於中央政府實施重視基層及協調中央與地方利益的政策。

中共十七大會場

十七大重點工作

十七大的有關社會建設的重要內容

1. 推進社會體制改革，必須要健全黨委領導、政府負責、社會協同、公眾參與的社會管理格局，健全基層社會管理體制。

2. 努力使全體人民學有所教、勞有所得、病有所醫、老有所養、住有所居。推進社會建設，要以改善民生為重點，着力保障和改善民生，使經濟發展的成果更多地體現在改善民生上。

3. 教育公平是社會公平的重要基礎，促進社會公平正義，必須着力解決教育公平問題。

4. 堅持教育公益性質，加大財政對教育投入。

5. 促進以創業帶動就業。

6. 建立統一規範的人力資源市場，形成城鄉勞動者平等就業的制度。

7. 健全勞動、資本、技術、管理等生產要素按貢獻參與分配的制度，初次分配和再分配都要處理好效率和公平的關係，再分配更加注重公平。

8. 創造條件讓更多群眾擁有財產性收入。

9. 健全廉租住房制度，加快解決城市低收入家庭住房困難。

10. 堅持公共醫療衛生的公益性質，強化政府責任和投入，建設覆蓋城鄉居民的公共衛生服務體系、醫療服務體系、醫療保障體系、藥品供應保障體系，為群眾提供安全、有效、方便、價廉的醫療衛生服務。

9.14 奧運與世博

北京奧運

2008 年 8 月，北京舉行第二十九屆夏季奧林匹克運動會。此屆奧運會是中國首次舉辦的夏季奧運會，也是繼 1964 年東京奧運會和 1988 年漢城奧運會後，第 3 次在亞洲國家舉辦的奧運會。政府盼望舉辦奧運會，能如 1964 年日本舉行東京奧運會般，標誌着中國的復興與繁榮，提升國家的國際形象，並刺激經濟發展。政府為承辦奧運會，投入大量資源，興建了北京國家體育場（即鳥巢）、中國國家游泳中心（即水立方）、中國國家體育館、五棵松體育館和奧林匹克公園等設施。大部分支出通過「法人招標」的融資模式獲得，中標企業可獲得奧運場館 30 年的經營權，奧運選手居住的奧運村則在奧運結束後以商品房形式向公眾發售。是次奧運，中國選手取得驕人佳績，共取得 48 面金牌而位居榜首。

2010 上海世博

2010 年 5 月至 8 月，上海舉辦第 41 屆世界博覽會，也是中國首次舉辦的世界博覽會，參展國家、地區和國際組織約 240 個，總入場人數超過 7,300萬。政府在上海世博的總投資額達 450 億美元，是史上最大規模的世博會。會場共分為五個區，主要包括一軸四館（即世博軸、中國館、世博會主題館、世博中心和世博文化中心）和 11 個聯合館、42 個租賃館、42 個國家自建館。上海世博共招募了 17 萬名志願者，負責宣傳、維持秩序、翻譯及急救等工作。北京奧運與上海世博的舉行，對提升中國的國際形象與國民的民族自豪感起了積極的作用。

中國國家游泳中心

● 建築設計方案名為「水立方」（Water Cube），是 2008 年北京奧運主要的水上項目比賽場地。

● 奧運期間會用作游泳、水上芭蕾與跳水賽事之用。建築費用為 10.2 億元。

● 奧運會後，水立方內部一半被改造成「水立方嬉水樂園」。

● 2020 年冬季奧運會部分項目將會在此舉行。

世博中國館

● 中國館由國家館、省區市館、香港館、澳門館、台灣館組成。

● 建築外觀以「東方之冠」為構思主題，表達中國文化的精神與氣質。

● 國家館居中升起、層疊出挑，成為凝聚中國元素、象徵中國精神的雕塑感造型主體——東方之冠。

● 為世博的永久性建築物，現改名為「中華美藝館」。

9.15 航天事業的發展

艱難的起步

當代中國航天事業的開展，可追溯自 1956 年。 1956 年 2 月，著名科學家錢學森向中共中央提出《建立中國國防航空工業的意見》。隨後國務院制訂《一九五六年至一九六七年科學技術發展遠景規劃綱要（草案）》，提出要在十二年內使中國噴氣和火箭技術走上獨立發展的道路。 1958 年毛澤東發出「我們也要搞人造衛星」的號召。根據這一戰略考慮，中國科學院把研製發射人造衛星列為 1958 年的重點任務，揭開了中國向太空進軍的序幕。在 1960 年代蘇聯撤走專家的艱苦年代，中國專家仍然努力不懈進行研發活動。 1960 年 2 月中國成功發射第一枚自行研製的液體火箭，邁出了中國航天史上關鍵的第一步。

中國首顆人造衛星的發射

1970 年 4 月 24 日，隨着第一顆人造地球衛星「東方紅 1 號」在酒泉發射成功，中國成為世界上首五個（蘇聯、美國、法國、日本）能夠發射衛星的國家。 1975 年 11 月 26 日，成功發射首顆返回式衛星，3 天後順利返回，中國成為當時世界上第三個（美國與蘇聯）掌握衛星返回技術的國家。

實現征服太空的夢想

步入改革開放年代，中國航天事業再度得到飛躍發展。 2003 年 10 月 15 日，神舟五號載人飛船將中國第一位航天員楊利偉送上太空，實現了中華民族「飛天」的千年夢想。 2005 年 10 月，航天員費俊龍、聶海勝圓滿完成神舟六號飛行任務，令中國成為繼俄羅斯和美國之後世界上第三個掌握載人航太技術的國家。同時中國亦正式開展月球探測工程（嫦娥工程），先後發射嫦娥一號（2007）、嫦娥二號（2010）、嫦娥三號（2013）和嫦娥五號（2014）進行探月之旅。

中國的航天群英

楊利偉
中國首位進入
太空的航天員

聶海勝
神舟六號乘員;神舟十號
航天員乘組指令長

費俊龍
神舟六號乘員

鄧小平

如果60年代以來,中國沒有原子彈、氫彈、沒有發射衛星,中國就不能叫有重要影響的大國,就沒有現在這樣的國際地位,這些東西反映一個民族的能力,也是一個民族、一個國家興旺發達的標誌。

第十章
習近平時代

2001 年中國正式加入世界貿易組織,當時中國國內生產總值規模總量僅佔全球的 7.4%,到 2011 年,這個佔比已接近 15%,中國迅速發展為全球工業生產中心,也擁有差不多全球最大的消費市場,中國開始步入小康社會,人民生活水平顯著提高。當前中國所面對的現實是,改革開放初期中國所依賴的人口優勢、環境資源優勢、低收入制度優勢等因素都已經逐步減弱,甚至難以為繼,如何尋找新的比較優勢,延續中國的和平發展,無可避免地成為中國領導人必須關注的課題。習近平深信中國共產黨是帶領國家興盛的唯一力量,因此推動各種匡正時弊的改革,通過各種政策提升中國商品的國際競爭力,並強化中國在國際社會的話語權,盼望中國能快步向前,取得更輝煌的成就。

10.1 中共十八大的召開

十八大的主題

2012 年 11 月 8 日，中共召開第十八次全國代表大會，大會的主題為「高舉中國特色社會主義偉大旗幟，以鄧小平理論、『三個代表』重要思想、科學發展觀為指導，解放思想，改革開放，凝聚力量，攻堅克難，堅定不移沿着中國特色社會主義道路前進，為全面建成小康社會而奮鬥」；必須更加自覺地把全面協調可持續作為深入貫徹落實科學發展觀的基本要求，全面落實經濟建設、政治建設、文化建設、社會建設、生態文明建設五位一體總體佈局，促進現代化建設各方面相協調，促進生產關係與生產力、上層建築與經濟基礎相協調，不斷開拓生產發展、生活富裕、生態良好的文明發展道路；全面加強黨的思想建設、組織建設、作風建設、反腐倡廉建設、制度建設，增強自我淨化、自我完善、自我革新、自我提高能力，建設學習型、服務型、創新型的馬克思主義執政黨，確保黨成為中國特色社會主義事業的堅強領導核心。十八大報告提出要確保到 2020 年實現全面建成小康社會目標，實現國內生產總值和城鄉居民人均收入比 2010 年增加 1 倍；堅持走中國特色社會主義政治發展道路和推進政治體制改革，要把制度建設擺在突出位置；強調要加強社會主義核心價值體系建設，全面提高公民道德素質，豐富人民精神文化生活。

新領導班子的形成

11 月 15 日，中共第十八屆中央委員會第一次全體會議，選舉產生了 25 人組成的十八屆中央政治局，並選出習近平、李克強、張德江、俞正聲、劉雲山、王岐山、張高麗為政治局常委，習近平當選中央委員會總書記。

新中國成立後中國共產黨歷次黨代表大會黨章的重大修改

代表大會	舉行年份	主要修改內容
第八次全國代表大會	1956	● 提出了全面開展社會主義建設的任務，必須鞏固人民民主專政，保障社會主義事業的勝利。
第九次全國代表大會	1969	● 強調「林彪同志是毛澤東同志的親密戰友和接班人」。 ● 肯定了「無產階級大革命」是在社會主義條件下，無產階級反對資產階級和一切剝削階級的政治大革命。
第十次全國代表大會	1973	● 刪去「林彪同志是毛澤東同志的親密戰友和接班人」的條文。
第十一次全國代表大會	1977	● 恢復了八大關於中國建設成四個現代化的社會主義強國的提法。
第十二次全國代表大會	1982	● 明確規定「禁止任何形式的個人崇拜」，「不允許任何領導人實行個人專斷和把個人凌駕於組織之上」。
第十三次全國代表大會	1987	● 對若干有關黨組織的條文作出修正。
第十四次全國代表大會	1992	● 將鄧小平「一個中心、兩個基本點」的基本路線及一系列方針寫入黨章內。
第十五次全國代表大會	1997	● 把鄧小平理論確立為黨的領導思想。
第十六次全國代表大會	2002	● 將「三個代表」確立為指導思想。
第十七次全國代表大會	2007	● 將「科學發展觀」寫入黨章內。
第十八次全國代表大會	2012	● 強調建設社會主義生態文明，樹立尊重自然、順應自然、保護自然的生態文明理念，實現中華民族永續發展。
第十九次全國代表大會	2017	● 把「習近平新時代中國特色社會主義思想」、「中國夢」、「一帶一路」等寫入黨章。

10.2 薄熙來與周永康事件

薄熙來事件

重慶市委書記薄熙來在任內推行「唱紅打黑」(「唱紅」即唱紅歌、讀經典、講共產黨人的故事；「打黑」即打擊黑社會)，起用王立軍為重慶市公安局局長，改善了重慶的治安，但亦製造了不少嚴刑迫供，打擊異己的冤案，也有涉及貪污活動。薄熙來的妻子谷開來因經濟糾紛而殺害英國人尼爾·海伍德(Neil Haywood)，案件在王立軍包庇下以海伍德「酒後猝死」結案。後來王立軍與薄熙來鬧翻，王立軍擔心人身安全，於 2012 年 2 月逃入美國駐成都總領事館尋求政治庇護(事後王氏自行離開領事館而被拘留調查)。3 月薄氏被免職調查。同年 11 月，薄氏被開除黨籍，次年經法院判處無期徒刑。

周永康案

中央政治局常委周永康多年掌管石油業務與司法系統，任內涉及貪污、司法處理不公等問題。薄熙來被調查後，揭出兩人勾結的詳情。周氏又涉及將中共十八大人事機密告知親信，並對親信泄露經濟機密以牟利。2013 年周永康因涉及貪污、濫用職權、洩露國家機密等罪名被捕，後被開除黨籍，2015 年被判處無期徒刑，成為自新中國成立以來首名被開除黨籍，並接受司法審判的政治局常委。

黨內高級官員結黨謀私，形成政治腐敗和貪污的利益集團，影響民生經濟，更挑戰中央權威，迫使中央必須整頓黨紀，以大刀闊斧的手段糾正歪風。

「全面從嚴治黨」

中共中央政治局會議先後審議通過《十八屆中央政治局關於改進工作作風、密切聯繫群眾的八項規定》《中國共產黨廉潔自律準則》《中國共產黨紀律處分條例》《中國共產黨問責條例》(修訂版)等,把黨風廉政建設和反腐敗鬥爭引向深入。

中共十八大以來,查處政治問題和經濟問題相互交織的腐敗案件,嚴肅查處省級以上高級幹部 517 人,特別是周永康、薄熙來、郭伯雄、徐才厚、孫政才、令計劃嚴重違紀違法案件,震驚世界。

郭伯雄	曾任中央軍委副主席。犯受賄罪。
徐才厚	曾任中央軍委副主席。犯受賄罪。
孫政才	曾任中央政治局委員,重慶市委書記。犯受賄罪。
令計劃	曾任中央辦公廳主任。犯受賄罪、非法獲取國家秘密罪、濫用職權罪。
蘇　榮	曾任全國政協副主席。犯受賄罪、濫用職權罪、巨額財產來源不明罪。

啟動「天網行動」,成立中央追逃辦,至 2019 年 6 月,從 120 多個國家和地區共追回外逃人員 6148 人,其中「百名紅通人員」59 人,追贓 142.58 億元人民幣。

施行《中國共產黨問責條例》,截至 2018 年底,全國共有 2.2 萬個單位黨組織、660 個紀委(紀檢組)、11.2 萬名黨員領導幹部被問責。

實現中央巡視一屆任期全覆蓋,十八屆中共中央開展 12 輪巡視,巡視 277 個黨組織;十九屆中共中央已開展 4 輪巡視,對 147 個地方、單位黨組織開展巡視。

10.3 人民幣的國際化

所謂貨幣國際化，是指一國貨幣能夠在國際範圍內執行貨幣的一些基本職能，包括能作為國際支付手段、國際購買手段和財富的國際轉移手段等。隨着中國經濟持續快速增長，人民幣逐漸被周邊國家市場所認可，踏上國際化的第一步。此外，中國的外向型經濟經過 30 多年的發展，給中國積累了巨額的外匯儲備，為人民幣國際化提供了信用保障，創造了有利條件。另一方面，若人民幣未能成為國際貿易和國際經濟活動中的計價貨幣、結算貨幣和儲備貨幣，在中國長期保持國際貿易順差的情況下，外匯儲備只能不斷攀升，人民幣只能在國內流通與循環。內地大量的人民幣遊資由於缺乏出路，也只有集中於房產與商品炒賣，構成通脹壓力。此外，人民幣國際化也有利於增強中國在國際金融的話語權。

人民幣離岸交易中心的成立

人民幣離岸交易中心是在中國內地境外經營人民幣業務的離岸金融市場。它具有三個作用：

1. 要發展人民幣貿易結算，必須使流到境外的人民幣可以在境外的人民幣離岸市場上進行交易，使持有人民幣的境外企業、機構或個人可以在這個市場上融通資金和進行交易。

2. 成熟的離岸人民幣市場有利發展各種金融產品，啟動及鼓勵更多的人民幣交易及投資，增強人民幣在境外和跨境的流動性。

3. 在自由市場形成的人民幣離岸存款利率或其他利率，能較好地反映商業風險，能夠為內地人民幣利率形成提供有效的參考。

亞洲基礎設施投資銀行的誕生

2016 年 1 月，在習近平的倡議下，亞投行正式開業，目標在於促進亞洲經濟發展。亞投行對中國的崛興有相當重要的意義，通過與眾多亞歐國家的合作，有利加強中國在國際金融領域的發言權和影響力。中國的外匯儲備，現在用於亞洲發展中國家的基建投資，一方面能夠分散風險，另一方面能夠促進與更多國家的經濟融合，推動人民幣國際化。

人民幣離岸市場

何謂人民幣離岸市場？

● 是指在中國境外開展人民幣相關業務的市場。

中國在香港建立人民幣離岸市場的原因

● 由於內地與香港經貿交往的增多，估計人民幣在香港的數量超過數百億元。龐大的人民幣存量，隨着兩地的密切交往，客觀上產生了對人民幣的各種需求，衍生出多種人民幣業務。如果允許香港銀行從事人民幣離岸業務，人民幣資金活動便可轉入銀行體系，通過兌換、匯款和信用卡等業務，滿足港人貿易、投資、旅遊、消費等需求。

● 通過允許人民幣在香港流通，監管部門可以將境外流通的人民幣納入銀行體系，便於掌握人民幣境外流動規模的變動，從而採取相應措施。

● 香港離岸市場的發展可以成為一個完全市場化的人民幣利率指標，為內地人民幣利率的升降提供有效的參考。

● 香港作為亞太地區金融中心，離岸市場的發展有助加深中國內地與其他經濟體系的合作。中國在亞洲地區大力開展區域經濟一體化的活動，如果人民幣具備了足夠的國際化程度，那麼，區域內的經濟活動即可以通過香港離岸市場以人民幣計價，有利於中國與其他經濟體系建立更為緊密的經濟聯繫。

逐步擴大人民幣的跨境使用，有助於完善國際貨幣體系，有利於全球金融穩定和經濟發展。一個國家貨幣的國際化，是綜合實力和金融市場發展的結果，人民幣的國際化將是一個逐步有序推進的過程。

李克強

10.4 「一帶一路」

何謂「一帶一路」?

「一帶一路」是「絲綢之路經濟帶」和「21世紀海上絲綢之路」的簡稱。2013年國家主席習近平先後提出「絲綢之路經濟帶」和「21世紀海上絲綢之路」兩個概念,倡議與鄰近國家發展經濟合作伙伴關係,共同打造利益與責任的共同體。

「一帶一路」的共建原則

- 恪守聯合國憲章的宗旨和原則,尊重各國主權和領土完整、互不侵犯、互不干涉內政、和平共處、平等互利。
- 堅持開放合作。「一帶一路」相關的國家基於但不限於古代絲綢之路的範圍,各國和國際、地區組織均可參與,讓共建成果惠及更廣泛的區域。
- 堅持和諧包容。宣導文明寬容,尊重各國發展道路和模式的選擇,加強不同文明之間的對話,求同存異、相容並蓄。
- 堅持市場運作。遵循市場規律和國際通行規則,充分發揮市場在資源配置中的決定性作用和各類企業的主體作用,同時發揮好政府的作用。
- 堅持互利共贏。兼顧各方利益和關切,尋求利益契合點和合作最大公約數,體現各方智慧和創意,各施所長,各盡所能,把各方優勢和潛力充分發揮出來。

前期「一帶一路」的成果

為推動「一帶一路」的進展,習近平與其他中國領導人多次出訪鄰近國家,與當地領導人會晤,就加強合作建立共識。自2013年9月以來,習近平出訪中亞、俄羅斯、歐洲等32個國家和地區,議定合作協議金額達1.42萬億美元。據商務部統計,2015年前三個季度,中國企業對「一路一帶」沿線直接投資額為120.3億美元,承包工程項目3059個,新簽合同總額為591.1億美元。

「一帶一路」

「一帶一路」區域版圖

歐洲
地中海
中亞
西亞
絲綢之路經濟帶
非洲
印度洋
東南亞
南太平洋
21世紀海上絲綢之路

「一帶一路」是否經濟侵略？

● 中國在推行「一帶一路」的過程中，不斷強調「不附加任何政治條件」的立場，不會如國際貨幣基金或世界銀行般，要求受助國推行政治、經濟自由化，以改變社會結構。接受中國援助的國家，若因借貸過度陷入財政危機時，也不能把所有責任推到中國身上。

● 發展中國家傾向與中國打交道，主要有下列原因：

1. 中國提出的無條件合作，使他們獲得低利率及較長還款期的融資，不用受到如國際貨幣基金或世界銀行有條件援助的束縛，更不用擔心國家主權受損等問題。

2. 中國的資本可使各國在短時間內，滿足國內民眾對社會服務和基建快速增長的需求，提升人民的生活水平。

3. 中國開放改革以來經濟的快速增長，也成為發展中國家希望學習的範例。

10.5 經濟發展的「新常態」與中國製造 2025

「新常態」

2014 年 11 月，國家主席習近平在亞太經合組織（APEC）工商領導人峰會上提出「新常態」的概念。「新常態」包括三個特點：

1. 中國經濟將從高速增長轉為中高速增長。
2. 在結構上，經濟結構將不斷優化升級。
3. 經濟發展的動力要從要素驅動、投資驅動轉向創新驅動。

習近平的言論標示着中國領導人對過去中國發展模式的反思。過去中國政府過分重視 GDP 的增長，依靠低廉的生產要素驅動「世界工廠」的成長，但隨着工資、土地等生產成本的上漲，舊有的發展模式已經走到盡頭。習近平政府改變策略，不再用盲目加強投資與調整等方式刺激經濟，改而對經濟系統內部進行優化，通過調控方式解決產能過剩、地方債務、財政收支壓力等問題，減少地方幹部胡亂投資、侵吞建設經費或投機倒把的機會，引領中國從過去的粗放型向集約型經濟轉變，打造出一個更高質量，更富效率和活力的大型經濟體。

中國製造 2025

步入廿一世紀，中國製造業約佔整個世界製造業 20% 的份額，已經成為「世界工廠」，但一直依賴外國的設備和人員研製，不少高科技產品的重要零件，都需要從外地進口。2015 年 3 月，國務院總理李克強提出「中國製造 2025」的概念，以創新驅動、質量為先、綠色發展為基本方針，提高國家製造業的創新能力，涵蓋包括信息技術、數控工具機和機器人、航空航天裝備、節能汽車、生物化學等領域。國務院以寧波、泉州等 30 個城市作為試點，推動製造業的轉型升級。

新發展模式

新常態對經濟與民生的影響

- 通過發展服務業，改善就業情況。
- 新政策向消費型經濟傾斜，擴大消費增加居民收入，收入分配將漸趨合理。
- 改變依賴投資和出口舊模式，可使物價相對穩定，樓價較易維持穩定。
- 政府對科技創新的支持，將幫助有創意、有技術的產業與人才獲得發展機會。

中國製造2025的基本方針

- 創新驅動
- 質量為先
- 綠色發展
- 結構優化
- 人才為主

10.6 互聯網的發展

1994 年互聯網在中國出現，產生了第一代網民。隨着個人電腦及智能手機的普及化，中國進入互聯網的新時代。2005 年中國互聯網的普及率為 8.5％，網民人口有 1.11 億；至 2018 年 12 月，普及率已達 59.6％，網民達 8.29 億人。最早的網民使用的互聯網應用是門戶網站、論壇等，其後是網絡遊戲、即時通信（如 QQ、微信）等。互聯網的發展帶來了網上消費活動。據統計，2018 年 12 月中國網絡購物使用者達 6.1 億人，網民使用網絡購物的比例升至 73.6％，手機網絡購物用戶規模達 5.92 億。

中國政府對互聯網的監管

互聯網固然為生活帶來了不少便利，但也帶來網上惡意炒作、淫穢色情信息、網絡詐騙等問題。中國政府認為網絡和信息安全牽涉到國家安全和社會穩定，也是西方敵對勢力輸送價值觀念的管道和戰場。2013 年美國前情報人員斯諾登（Edward Snowden）向媒體提供機密文件，揭露美國政府直接從包括微軟、谷歌、雅虎、Facebook、Skype、YouTube、蘋果等 9 個公司伺服器收集私人資訊，加深了中國政府的憂慮，因而積極推動資訊網路安全法律的建設，並推動落實實名登記制度。

網上商貿的急速發展

互聯網為新常態注入了新動力，成為經濟發展的新引擎。2014 年全國網上零售額為 27,898 億元，增長 49.7％，增速比社會消費品零售總額快 37.7％，相當於社會消費品零售總額的 10.6％。據 2013 年 2 月政府所發表的報告顯示，中國網絡創業就業已累計製造崗位超過 1,000 萬個，有效紓緩了就業壓力，成為中國經濟新的增長點。2014 年馬雲創辦的阿里巴巴集團全年平台上的交易額是 2.3 萬億元，跟福建、上海、北京和安徽當年的 GDP 總量相差不遠。2015 年 3 月，國務院總理李克強更提出「互聯網＋」，推動經濟發展。微信與支付寶更成為現在民眾交易的重要支付平台。

互聯網＋

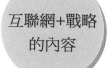

互聯網+戰略
的內容

- 國家要制定「互聯網＋」行動計劃，推動移動互聯網、雲計算、大數據、物聯網等與現代製造業結合，促進電子商務、工業互聯網和互聯網金融健康發展，引導互聯網企業拓展國際市場。
- 國家已設立 400 億元新興產業創業投資引導基金，要整合籌措更多資金，為產業創新加油助力。

互聯網對中國商貿的影響

- 改變過去傳統的營銷模式，消費者可在網上隨意挑選合適的商品或服務；企業也可在網上直接與消費者建立溝通渠道，建立新的品牌。
- 創造了新的跨地域的零售市場，互聯網可降低買賣雙方的交易成本，有助創業者減輕創辦新企業的成本（如店舖租金、人手），在網上開展業務；農民可通過網上平台直接面對消費者，既可提高農產品的流通效率，也改變了過去農民通過傳統批發市場和中間商交易的不利地位，有助農民增加收入。
- 通過網上平台營銷者的價格競爭，消費者亦可在網上以較低價格獲得所需的產品及服務。
- 企業家可在網上收集消費者的消費數據，分析他們的購物行為，更有效制定迎合各階層的生產及營銷策略，滿足了消費者的個性化需求。

10.7 高鐵的發展

高鐵新紀元

　　1964 年，日本新幹線通車後，中國便開始關注境外高鐵的發展。 1978 年 10 月，鄧小平訪問日本，對日方安排下乘坐東海道新幹線留下深刻印象。 1990 年鐵道部完成了《京滬高速鐵路線路方案構想報告》，並提交全國人大會議討論，這是中國首次正式提出興建高速鐵路。

　　由於高速鐵路具有運載能力大、運行速度快、運輸效率高等特點，因此越來越受到重視。鐵道部制定了《「十五」期間鐵路提速規劃》，提出要初步建成以北京、上海、廣州為中心，連接中國大陸主要城市的快速客運網，總里程達 16000 公里；2003 年，鐵道部長劉志軍提出「鐵路跨越式發展」，大力推進高速鐵路發展，甚至不惜大規模負債建設、挪用資金及犧牲鐵路系統職工待遇，中國高速鐵路因此開始進入高速發展時期。2009 年 12 月 26 日，中國第一條具有當時世界一流水平的長距離幹線高速鐵路武廣高鐵（今京廣高鐵武漢站到廣州南站段）開通營運。它的開通，使武漢到廣州的旅行時間由原來約 10 小時縮短為 3 小時。

鐵路建設的成就

　　中國高鐵的運營里程規模已達到世界第一，中國鐵路運營里程共 2.5 萬公里，佔了全球運營里程 60% 以上，高速動車組數量有 3000 組，是全球動車保有量的 50% 以上，近十年來中國所有動車組累積運營里程，已達到 61 億公里，約可環繞地球 15.25 萬圈，單列車的動車組最高運營里程亦達到 568 萬公里，1994 年客流量每年 10.3 億人次，2007 年增至 13.6 億人次，到 2017 年達到 30.39 億人次，其中高速組運輸的有 17.13 億人次，佔了整個運載量 56% 以上。

　　近年中國政府亦開始進行高鐵技術輸出，自 2013 年底起，李克強多次出訪泰國、澳洲、中歐、東歐、英國和美國等地推銷中國高鐵技術。現在已實現的海外項目包括：1. 土耳其高鐵（2014）；2. 俄羅斯高鐵（2015）；3. 印尼高鐵（2015）。

高鐵建設

中國高鐵建設的意義

- 為民眾提供快速、可靠、環保和舒適的出行方式。
- 「高鐵經濟效應」對沿線產業帶和城市現代服務業的培育，以及沿線地區人口流動速度提升和人口聚集，均具有重要促進作用。
- 通過提升鐵路的運輸能力，有助提升中國西方與少數民族地區的經濟生產力和長期競爭力。
- 創造就業機會，短期內解決中國工業產能過剩的問題。
- 產生「同城效應」，實現區域資源共享，加快產業梯度轉移，有效推動區域內產業優化分工，圍繞構建高鐵沿綫產業鏈條，形成比較優勢，促進沿線地區的產業協調互補發展。
- 支持環境可持續發展。
- 帶動了冶金、機械、建築、橡膠、電力、信息、計算機、精密儀器等第二產業的快速發展，也拉動了沿線城市旅遊、餐飲、商貿等第三產業的發展。

高鐵車廂一景

京滬高速鐵路

10.8 中共十九大的召開

中國特色社會主義進入了新時代

2017 年 10 月，中共召開第十九次全國代表大會，中共中央總書記習近平在報告中提出「中國特色社會主義進入了新時代，這是我國發展新的歷史方位」。

他提出中國社會主要矛盾已從「人民日益增長的物質文化需要同落後的社會生產之間的矛盾」，轉化為「人民日益增長的美好生活需要和不平衡不充分的發展之間的矛盾」。

強調中共的歷史使命是實現中華民族的偉大復興

習近平認為要發展中國特色的社會主義，必須堅持黨對一切工作的領導，堅持「人民至上」的觀念，以實現最大多數人的利益為目標，切實保障人民群眾的經濟、政治、文化、生態權益。他提出建設現代化經濟體系，有以下六個主要途徑：

1. 深化供給側結構性改革：要把發展重心放在提高產品質量和服務質量，推動中國經濟發展進入質量時代。

2. 加快建設創新型國家：強化基礎研究；倡導創新文化，強化知識產權創造、保護和運行；培養科技創新人才。

3. 實施鄉村振興戰略：加快推進農業農村現代化；提高糧食產量，保證糧食供應安全。

4. 實施區域協調發展戰略：要加大力度支持邊疆、貧困地區的發展；支持資源型地區經濟轉型發展。

5. 加快完善社會主義市場經濟體制：完善產權制度和市場化配置；創新和完善宏觀調控。

6. 推動形成全面開放的新格局：以「一帶一路」建設為重點，加強對外開放與合作。

十九大報告所提及現代化建設成就

經濟建設

- 2013 年至 2016 年，中國國內生產總值從 54 萬億元增長到 80 萬億元，平均增長率為 7.2%，生產總值穩居世界第二，佔全球經濟總量的 14.8%。
- 第三產業增速繼續超過第二產業，2016 年第三產業增加值佔國內生產總值比重達 51.6%。消費對拉動經濟的貢獻率達 64.6%。

政治建設

- 積極發展社會主義民主政治，推進全面依法治國，黨的領導、人民當家作主、依法治國有機統一的制度建設全面加強。

文化建設

- 加強黨對意識形態工作的領導，黨的理論創新全面推進，中國特色社會主義和中國夢深入人心。

社會建設

- 6000 多萬貧困人口穩定脫貧，貧困發生率從 10.2% 下降到 4% 以下。
- 31 大城市城鎮調查失業率基本穩定在 5%。基本建立了覆蓋城鄉居民的社會保障體系。

生態文明建設

- 2016 年空氣優良天數比例達到 78.8%，同比提高 2.1 個百分點。
- 治理沙化土地 8.4 萬平方公里，沙化土地面積年均縮減 1980 平方公里。
- 新造人工林 29.8 萬平方公里，人工林總面積達 69.3 萬平方公里，位居全球首位。

習近平

中國共產黨人的初心和使命，就是為中國人民謀幸福，為中華民族謀復興。

人民群眾反對什麼、痛恨什麼，我們就要堅決防範和糾正什麼。

乘勢而上開啟全面建設社會主義現代化國家新征程，向第二個百年奮鬥目標進軍。

10.9 動盪的中美關係

奧巴馬時代：重返亞洲的政策

2008 年 11 月，奧巴馬當選美國總統。奧巴馬任內不時對中國人權問題作出批評。但影響此時期中美關係更重要的因素，是美國重返亞洲的政策。伊拉克與阿富汗戰爭的結束，使美國得以暫時從中東事務脫身；面對中國崛起的潛在威脅，以及亞洲經濟的蓬勃發展，讓美國不得不對亞洲投注更高度的關注。其實美國重視亞洲不僅只是基於外交安全考量而已，更基於經濟利益的現實考量。尤其當西方輿論認為中國將會超越美國，成為世界最大經濟體，更讓美國擔憂霸權不保。為實現重返亞洲的目標，美國不斷拉攏日本等周邊國家制衡中國，結果造成中美在戰略層面互疑度增加。

特朗普時代：「美國優先」政策

2016 年 11 月，特朗普當選美國總統，推行「美國優先」政策，強調中國在貿易上佔了美國的便宜，又指責中國偷竊美國的知識產權。次年 11 月特朗普訪華，中美關係貌似好轉；但特朗普回國後，開始對中國進口美國的鋼鐵和鋁產品分別加徵 25% 和 10% 的關稅，並限制中國的對美投資。2018 年 10 月，美國副總統彭斯（Mike Pence）發表演說，抨擊中國在南中國海的軍事化舉動、對台灣的打壓，以及對民眾的監控，中國外交部發言人嚴詞反駁，中美關係再度出現緊張。同年 12 月，習近平和特朗普在二十國集團領導人第十三次峰會會面時達成共識，同意暫緩加徵關稅。但雙方未能達成協議。2019 年 1 月，加拿大警方應美國政府的司法互助要求，逮捕華為公司總裁任正非的女兒孟晚舟，事件觸發外交風波。8 月，特朗普宣佈將對中國價值 3000 億美元的商品徵 15% 關稅，另外稅率 25% 的 2500 億美元中國商品，稅率升至 30%，中國則對價值 750 億美元的商品加徵 5% 至 10% 不等的關稅。到 2019 年 11 月中，中美雙方仍在磋商貿易協議的最後文本。

缺乏互信的原因

西方反華情緒
高漲的原因

1. 中國崛興對西方經濟霸權的威脅

- 中國推出一系列擴大中國對外影響力的政策（如一帶一路及華資企業大量對外投資），部分西方國家擔心中國的發展會危及其原有的經濟利益，感到中國會進一步爭奪世界市場和各地區的如石油等天然資源。

- 中國透過廉價勞動力及低生產成本，出口高質量的廉價產品，為西方消費市場大量採購，威脅西方國家及日本的第二及第三產業及其就業，刺激西方民間的反華情緒。

2. 中國軍事力量的發展引起西方的猜忌

- 自二十一世紀以來，中國整編陸軍與發展海軍，在南海主權爭議及設立東海防空識別區等問題上，與鄰近國家產生矛盾，美國推行「重返亞洲」的政策，積極拉攏其他亞洲國家抗衡中國。

3. 思想衝突

- 西方社會部分人士素來存在「民主＝正義」、「共產主義＝邪惡」的冷戰思維，媒體亦在有意無意之間宣揚中國的負面形象，西方部分政客亦利用這種民粹主義，通過反對中國等言論，爭取選民支持。

4.「黃禍」的恐懼：

- 隨着中國對外影響力的擴大，加上中國移居西方的移民與本地居民的文化衝突，引發西方社會對所謂「黃禍」的恐懼，也使西方社會逐步掀起反華情緒。

李光耀論中美關係：美國人權組織抨擊中國，美國國會及美國政府以中國踐踏人權，出售導彈技術為名威脅取消中國的貿易最惠國待遇……他們忽視了兩國的文化、價值觀及歷史差異，使雙邊關係的戰略考量服從於美國的國內議程。這種冒進的做法可能把中國變成美國的長期對手。

10.10 粵港澳大灣區的發展規劃

大灣區的地理定義

　　所謂粵港澳大灣區，是指由香港、澳門兩個特別行政區和廣東省廣州、深圳、珠海、佛山、惠州、東莞、中山、江門、肇慶九個城市組成的城市群，全區總面積有 65 萬平方公里，約有人口 7000 萬，也是中國南部對外開放程度最高、經濟活力最強的地區。

規劃的擬定

　　隨着內地經濟的發展，廣州與深圳已先後提出加強華南城市之間合作的建議。2016 年 3 月，中央政府發表《國民經濟和社會發展第十三個五年規劃綱要》，明確提出「支援港澳在泛珠三角區域合作中發揮重要作用，推動粵港澳大灣區和跨省區重大合作平台建設」，同月，國務院印發《關於深化泛珠三角區域合作的指導意見》，明確要求廣州、深圳攜手港澳，共同打造粵港澳大灣區，建設世界級城市群。2017 年 3 月，十二屆全國人大五次會議在人民大會堂開幕，總理李克強發表政府工作報告，提出「要推動內地與港澳深化合作，研究制定粵港澳大灣區城市群發展規劃，發揮港澳獨特優勢，提升在國家經濟發展和對外開放中的地位與功能」。同月，粵港澳大灣區發展論壇組委會正式成立。2017 年 7 月 1 日，在習近平主席見證下，香港特別行政區行政長官林鄭月娥、澳門特別行政區行政長官崔世安、國家發展和改革委員會主任何立峰、廣東省省長馬興瑞共同在香港簽署了《深化粵港澳合作 推進大灣區建設框架協議》。

大灣區規劃

大灣區規劃的
意義

1. 打造粵港澳大灣區，建設世界級城市群，有利於進一步密切內地與港澳交流合作，為港澳經濟社會發展以及港澳同胞到內地發展提供更多機會。

2. 貫徹落實新發展理念，深入推進供給側結構性改革，加快培育發展新動能、實現創新驅動發展，為中國經濟創新力和競爭力不斷增強提供支撐。

3. 有利於進一步深化改革、擴大開放，建立與國際接軌的開放型經濟新體制，構築絲綢之路經濟帶和21世紀海上絲綢之路對接融匯的重要支撐區。

《深化粵港澳合作推進大灣區建設框架協議》的主要內容

- 推進基礎設施互聯互通

- 進一步提升市場一體化水平

- 打造國際創科中心

- 構建協同發展現代產業體系、打造宜居宜業宜遊優質生活圈和培育國際合作

- 建立完善協調機制和擴大公眾參與

中共十九屆中央政治局常委成員

習近平
現任中國共產黨中央委員會總書記，中共中央軍事委員會主席，
中華人民共和國主席，中華人民共和國中央軍事委員會主席。

李克強
現任國務院總理。

栗戰書
現任全國人大常委
會委員長。

汪洋
現任全國政協主席。

王滬寧
現任中央書記處書記，
中央全面深化改革領導
小組辦公室主任，
中央文明委主任。

趙樂際
現任中央紀律
檢查委員會書記。

韓正
現任國務院副總理。

附 錄

重要人物簡介

（按人物於正文出現之先後次序排列）

第一章

孫中山 （1866-1925）

廣東香山（今中山）人。名文，字德明，號日新，改號逸仙。逃亡日本時化名中山樵，後以中山名世。1878 年赴檀香山投靠兄長孫眉，後到香港求學。1894 年上書李鴻章，提出變法主張，未被採納。同年 11 月在檀香山創立革命團體「興中會」。1896 年在倫敦被清政府駐英公使館誘捕，經其師康得黎（James Cantlie）營救脫險。1905 年 8 月於東京組建「中國同盟會」，被舉為總理。此後在中國發動多次起義，可惜未能成功。1911 年 10 月 10 日武昌起義爆發，12 月回國，在南京被獨立各省代表會議選為臨時大總統，後與袁世凱達成協議而辭去總統一職。1914 年在日本組織「中華革命黨」。1917 年高舉護法旗幟，在廣州建立護法軍政府。1922 年因陳炯明部叛變而退居上海，與蘇俄代表越飛會晤，發表《孫文越飛聯合宣言》，確立國民黨「聯俄」的路線。1924 年 11 月應邀北上討論國是。1925 年 3 月 12 日，因肝癌在北京逝世。

毛澤東 （1893-1976）

湖南湘潭人。字潤之，是現代世界歷史中最重要的人物之一。1914 年至 1918 年間入讀湖南師範學校，與蔡和森等組成革命團體「新民學會」，後在北京大學圖書館任管理員。他在五四運動前後接觸和接受馬克思主義，1920 年在湖南創建共產主義組織。1921 年 7 月，出席中共的第一次全國代表大會，後任中共湖南支部書記，領導長沙、安源等地工人運動。1924 年國共合作後，曾在廣州任國民黨中央宣傳部代理部長，主編《政治周報》，主辦第六屆農民運動講習所，對他日後重視農民的革命思想的形成，具有相當重要的影響。1931 年中華蘇維埃共和國臨時政府在江西瑞金成立，被選為主席。1935 年 1 日中共召開遵義會議，確立了以他為代表的新的中央領導集體。1949 年 10 月，中華人民共和國建立，當選為中央人民政府主席。1966 年，由於他對國內階級鬥爭的形勢作出不正確的估計，發動了文化大革命，使中國現代化的步伐出現延誤。1976 年 9 月因病去世。

陳獨秀（1879-1942）

安徽懷寧人。字仲甫。清末曾考獲秀才。1901年留學日本，接受革命思想。在上海、安慶辦《國民日日報》、《安徽俗話報》，宣揚革命思想。辛亥革命後及二次革命時期，任安徽都督府秘書長。1915年在上海創辦《青年》雜誌（次年9月改名為《新青年》），提倡民主、科學和文學革命。1917年出任北京大學文科學長。五四運動後，開始宣傳馬克思主義。1921年在中共一大會上被選為中央局書記。在1927年「八七會議」上被撤銷總書記職務。1929年11月，被開除出中國共產黨。1932年因譴責蔣介石賣國獨裁，被國民黨政府逮捕，1937年8月出獄，擁護國共合作和國民黨領導抗日，在武漢聯絡民主人士和抗日軍隊，試圖組織「不擁國、不阿共」的第三勢力，先後住在武漢、重慶，最後長期居住於四川江津。1942年5月逝世。

李大釗（1889-1927）

河北樂亭人。字守常。1907年考入天津北洋法政專門學校。1913年東渡日本，考入東京早稻田大學政治科學習，開始接觸社會主義思想。1916年回國後，積極參與正在興起的新文化運動。俄國十月社會主義革命的成功，給他極大的鼓舞和啟發，先後發表了《法俄革命之比較觀》、《庶民的勝利》和《Bolshevism的勝利》等文章，強調十月革命是勞工主義的勝利，是二十世紀世界革命的先聲，是世界人類全體的新曙光。1919年又發表《我的馬克思主義觀》、《再論問題與主義》等幾十篇宣傳馬克思主義的文章。1920年3月，在北京大學發起組織馬克思學說研究會。1921年中共成立後，代表黨中央指導北方的工作。1927年4月，奉系軍閥張作霖派軍警搜查蘇聯的北京大使館，逮捕李大釗等共產主義者，並將他處以死刑。

周恩來（1898-1976）

原籍浙江紹興，生於江蘇淮安。1917年在天津南開學校畢業後赴日本求學。1919年入讀南開大學，在五四運動中成為天津學界的領導人。1920年赴歐勤工儉學，次年加入中共。國共合作期間任黃埔軍校政治部主任。國共分裂後，與賀龍、朱德等發動南昌起義。後出任中共中央組織部長、中央軍委書記。1936年西安事變爆發，出任中共全權代表，與張學良、楊虎城迫使蔣介石接受「停止內戰、一致抗日」的主張。共和國成立後，一直任政府總理，1949年至1958年間曾兼任外交部長，參與制定和執行重大的外交政策。「文革」時期，他努力保護被打擊的老幹部和民主人士，竭力保障國家生產的正常運作，深為人稱道。1976年1月因癌症逝世。

董必武（1886-1975）

湖北紅安人。原名董賢琮。前清秀才。1911年參加辛亥革命，曾任湖北軍政府財務司科長，後赴日留學。1920年與陳潭秋等人發起成立湖北共產主義小組，1921年7月赴上海出席中共一大。1928年赴蘇入莫斯科中山大學學習。1945年他代表中共出席美國三藩市所舉行的聯合國制憲會議。回國後擔任中共代表團成員，

參加國共兩黨和平談判。共和國成立後，他歷任中央人民政府委員會委員、政務院副總理、最高人民法院院長，中共中央監察委員會書記等要職。1959年出任中華人民共和國副主席，劉少奇逝世後成為代主席。1975年任第四屆全國人大常委會副委員長。出版有《董必武選集》、《董必武政治法律文集》、《董必武詩選》、《董必武年譜》。1975年在北京逝世。

蔣介石 (1887-1975)

浙江奉化人。名中正。1907年入保定全國陸軍速成學堂。1908年留學日本。1908年加入同盟會。辛亥革命後追隨孫中山，曾參加反對袁世凱的活動。1923年赴蘇聯考察軍事政治。1924年回國後任黃埔軍校校長，國民革命軍第一軍軍長。1928年任南京國民政府主席。1931年「九一八事變」後，任軍事委員會委員長，推行「攘外必先安內」政策，圍攻紅軍革命根據地。1936年「西安事變」後，接受抗日主張，實行第二次國共合作。1938年任中國國民黨總裁。抗日戰爭期間，任國防最高委員會主席，同盟國中國戰區最高統帥。1943年參加美、英、中三國開羅會議。抗日戰爭勝利後，與中共代表團在重慶進行和平談判。1946年撕毀《停戰協定》、《政協決議》，命令進攻解放區，單獨召開制憲國民大會，通過憲法。1948年第一屆國民大會當選「總統」。1949年國民黨退守台灣後，歷任「總統」與國民黨總裁。1975年4月5日於台北去世。

朱德 (1886-1976)

四川儀隴人。1909年考入雲南陸軍講武堂，同年加入同盟會。1911年在雲南參加辛亥革命。1917年任滇軍旅長。在「十月革命」和五四運動的影響下投身共產革命。1922年正式加入中共，後到蘇聯學習軍事。1927年國共分裂後，與周恩來等發動南昌起義，事敗後率部轉戰湖南南部。1928年4月他率部萬餘人上井岡山與毛澤東會師，成立工農革命軍第四軍（即紅四軍）。1929年和毛澤東率部向江西南部和福建西部進軍，為建立中央革命根據地奠定基礎。1930年8月任中國工農紅軍總司令。1937年抗日戰爭爆發後，任國民革命軍第八路軍總指揮，取得平型關戰鬥等勝利。國共內戰時期出任解放軍總司令，協助毛澤東組織和指揮三大戰役。1949年10月，出任中央人民政府副主席、解放軍總司令，在1954年第一屆人民代表大會上當選為共和國副主席。1955年獲授元帥軍銜。「文革」時期受到迫害。1976年7月病逝北京。

賀龍 (1896-1969)

湖南桑植縣人。字雲卿。1914年加入孫中山領導的中華革命黨。曾任討袁護國軍指揮、湘西護國軍營長、靖國軍團長、四川警備旅旅長、混成旅旅長、建國川軍師長。1926年參加北伐戰爭，任國民革命軍第九軍一師師長、第二十軍軍長。1927年任八一南昌起義總指揮，同年加入中國共產黨，1934年隨中共長征至延安，抗日戰爭中曾任八路軍120師師長（國民革命軍第十八集團軍120師），被授予中華民國國民革命軍中將軍銜。共和國成立後，1954年出任第一屆國務院副總

理，1955 年被授予元帥軍銜，1959 年擔任中央軍委副主席。文化大革命期間，林彪和康生誣陷賀龍準備推動「二月兵變」，企圖推翻毛澤東。結果，賀龍遭紅衛兵批鬥，受到嚴重迫害，1969 年 6 月 9 日病逝於北京。1982 年中共中央作出了為賀龍徹底平反的決定。

葉挺 (1896-1946)

廣東惠陽人（今天屬惠州市惠陽區）。是中國人民解放軍的創建者之一，毛澤東曾當面稱他是「共產黨第一任總司令，人民軍隊的戰史要從你寫起」。1924 年赴蘇聯東方勞動大學與軍事學校學習。1925 年回國。第一次國內革命戰爭時期，曾任國民革命軍獨立團團長、二十四師師長、十一軍軍長。1927 年先後參加南昌起義和廣州起義，抗戰時任新四軍軍長。1941 年皖南事變時被國民黨逮捕。1946 年 3 月 4 日，由於中共中央的堅決要求，始獲自由。出獄後即致電中共中央請求加入中國共產黨，並於 3 月 7 日獲中共中央批准。4 月 8 日自重慶飛返延安，途中於山西省興縣黑茶山因飛機失事遇難。

張學良 (1901-2001)

祖籍遼寧海城，出生於遼寧台安。字漢卿。陸軍一級上將，奉系軍閥首領張作霖的長子。1928 年，他施行易幟使中國從形式上實現了統一。雖然他被迫接受蔣介石的不抵抗政策，致使日寇不費吹灰之力就佔領了東北三省，但日後的「西安事變」，讓國共兩黨從內戰走向了聯合抗日，並在一定程度上加強了中國人民內部的團結，為中國抗日戰爭做出了巨大貢獻。2001 年 10 月逝於美國。

楊虎城 (1893-1949)

陝西蒲城人。參加過辛亥革命和護國戰爭。1924 年加入國民黨。1927 年被任命為國民革命軍聯軍第十路軍總司令。1930 年任第十七路軍軍長，陝西省主席和西安綏靖公署主任。「西安事變」的當天，張、楊通電全國，說明發動事變是為了敦促蔣介石進行抗戰，提出了改組南京政府、停止一切內戰、立即釋放上海被捕的愛國領袖等八項抗日主張。事變發生以後，中國共產黨應張、楊邀請，派周恩來等到西安參加談判。經過多方努力，蔣介石接受了停止內戰，一致抗日主張。25日，「西安事變」和平解決，成為時局轉變的樞紐。從此，十年內戰的局面基本結束，國內和平初步實現，為國共兩黨實現第二次合作創造了條件。楊虎城在「西安事變」後被蔣介石逼令辭職「出洋考察」，回國後被囚禁，1949 年 9 月遭殺害。

林彪 (1907-1971)

湖北黃岡人。1925 年冬考入黃埔軍校第四期，在校內成為中共黨員。曾參加南昌起義，隨軍轉戰到井岡山，從此與毛澤東建立密切關係。1934 年 10 月率部參加長征。國共內戰時期，先後出任東北人民自治軍總司令，東北軍區、東北野戰軍司令員兼政委和中共中央東北局書記，指揮解放軍取得遼瀋戰役的勝利。1955 年

被授予元帥軍銜。1959 年盧山會議期間，長期託病不出的林彪被毛澤東緊急召上山來，參加批彭鬥爭。會議後林彪繼彭德懷出任國防部長，成為軍委副主席。「文革」時期成為新黨章指定的毛澤東繼任人。他的失勢始於 1970 年 8 月的九屆二中全會，其後其子林立果組織稱為「聯合艦隊」的集團，策動武裝政變，密謀綁架或暗殺毛澤東。事敗後聯同妻子葉群及林立果登機逃亡，飛機在蒙古人民共和國墜毀，機上人員悉數身亡。

聶榮臻（1899-1992）

出生於四川江津。1919 年底赴法國勤工儉學。1922 加入中國共產黨。1924 年 10 月到蘇聯學習，1925 年 8 月回國。1927 任中共前敵軍委書記，參加南昌起義後任起義軍第十一軍黨代表。同年 12 月，參與領導廣州起義。1935 年，在遵義會議上支持毛澤東的主張。抗日戰爭爆發後，參與指揮平型關戰鬥。1937 年 11 月，任晉察冀軍區司令員兼政治委員，在晉察冀三省邊界地區創建了敵後第一個抗日根據地，1945 年部署晉察冀軍區部隊對日反攻作戰。 解放戰爭時期，參與指揮平津戰役。1954 年任中央人民政府人民革命軍事委員會副主席。1955 年被授予中華人民共和國元帥軍銜。「文革」期間，同林彪、江青集團進行鬥爭。1983 至 1988 年任中央軍事委員會副主席。1992 年在北京逝世。

彭德懷（1898-1974）

湖南湘潭人。原名彭得華。1916 年入湘軍。1926 年隨部隊編入國民革命軍，參加北伐戰爭。1928 年加入中共，率紅五軍主力到井岡山與朱德、毛澤東率領的紅四軍會師。在中央蘇區歷次反「圍剿」中，是前線主要指揮員之一。抗日戰爭時期，任八路軍副總指揮。國共內戰時期，出任解放軍副總司令、西北野戰軍（後改編為第一野戰軍）司令員兼政委。共和國成立後出任中國人民志願軍司令員兼政委，率軍出兵朝鮮。後出任國務院副總理兼國防部長。1955 年被授予元帥軍銜。在 1959 年的盧山會議上，因批評大躍進而被定為「反黨集團」的首要人物，被免去國防部長職務。「文革」時被迫害致死。1978 年中共十一屆三中全會為他平反及恢復名譽。

陳毅（1901-1972）

四川樂至人。1919 年赴法國留學。1922 年加入中國社會主義青年團，1923 年轉入中國共產黨。1928 年參與發動湘南起義，後與毛澤東率領的秋收起義部隊在井岡山會師。抗日戰爭爆發後，參與組建新四軍。1947 年任華東野戰軍司令員兼政委，後參與淮海戰役的指揮工作。1949 年出任解放軍第三野戰軍司令員兼政治委員，並擔任共和國的首任上海市長。1955 年被授予元帥軍銜。1958 年出任外交部部長，多次率團出訪，為擴大中國在世界的影響，增進中國人民同世界人民的友誼作出了重要貢獻。「文革」初期受到批鬥，1972 年在北京病逝。

第二章

（無）

第三章

陳雲 （1905-1995）

江蘇青浦（今屬上海）人。高小畢業後到上海商務印書館當學徒，後加入中共，參加二萬五千里長征。1935 年 1 月，在遵義會議上表態支持毛澤東，同年 9 月赴莫斯科，任中共駐共產國際代表團成員。從蘇聯回國後，主持中共中央所在的陝甘寧邊區的財政經濟工作，奠定了在中共黨內財經事務專家的地位。1949 年後出任中央人民政府委員、政務院副總理兼財政經濟委員會主任，主持全國的財政經濟工作。在中共建國初期所推行的各種經濟改革中，扮演了重要角色。「文革」時期受到衝擊而被下放，其後在周恩來的保薦下復出。「四人幫」倒台後，出任中央委員會副主席和中央政治局常委。是鄧小平改革開放政策的有力支持者。在鄧小平時代曾擔任中央顧問委員會主任，是影響力僅次於鄧小平的中共核心領導人物。1995 年於北京逝世。

劉少奇 （1898-1969）

湖南寧鄉人。1920 年加入中國社會主義青年團。1921 年到莫斯科東方勞動者共產主義大學學習，同年轉為中共黨員。1922 年回國從事工人運動。1931 年出任中共中央職工部部長、中華全國總工會組織部長。遵義會議期間，成為毛澤東的主要支持者。抗日戰爭期間，擔任中共中央北方局書記，領導了華北抗日根據地和山西抗日新軍的創建工作。國共內戰時期曾主持制定《中國土地法大綱》，又曾率中共代表團訪問蘇聯。撰有《論共產黨員的修養》、《論黨》等著作，成為中共建黨理論的重要基礎。共和國成立後，劉少奇出任中央人民政府副主席，主持制定《中華人民共和國土地改革法》等文件。1959 年出任國家主席。1960 年代初期，與毛澤東因階級鬥爭問題而產生政見分歧。毛澤東發動文化大革命，劉少奇及其夫人王光美成為批鬥對象。1968 年 10 月，中共宣佈把他永遠開除出黨，次年病逝於河南開封。1980 年 2 月，中共中央正式宣佈為他平反。

鄧子恢 （1896-1972）

福建龍岩人。少年時曾赴日留學。1926 年加入中共。1930 年出任閩西蘇維埃政府主席。1935 年任閩西南軍政委員會副主席，紅軍長征時期，留在贛閩根據地，堅持游擊戰爭。抗戰時期出任新四軍政治部主任。共和國成立後，歷任中南軍政委員會副主席兼中南財經委員會主任，中共中央農村工作部部長，國務院副總理，主管農業。1955 年他因對農業合作化推行過快提出異議，受到毛澤東批評，1962 年因提倡「包產到戶」而再次受到批判，1965 年被免去國務院副總理職務。1972 年在北京病逝。1981 年，中共中央為他平反和恢復名譽。

鄧小平（1904-1997）

四川廣安人。原名鄧先聖，學名鄧希賢。中國共產黨、中國人民解放軍、中華人民共和國的主要領導人之一，被稱為「中國社會主義改革開放和現代化建設的總設計師」。1920 年夏赴法國留學。1922 年參加中國社會主義青年團，1924 年轉為中共黨員。1926 年初到蘇聯留學。第一次國共合作破裂後，改名鄧小平。抗戰時期主持八路軍總部的工作。1947 年鄧小平與劉伯承率軍南渡黃河，挺進大別山，揭開了解放軍對國民黨軍隊的全國性戰略進攻的序幕。後出任中共中央西南局第一書記、西南軍政委員會副主席，領導了進軍西藏與西藏和平解放的工作。「文革」初期被打倒而下放江西，至 1973 年復出。1976 年「四五事件」後被撤銷黨內外一切職務。1977 年被恢復了原來擔任的黨政軍領導職務。中共十一屆三中全會以後，在他領導之下，中國推行了改革開放政策。1992 年發表南巡講話後淡出政治舞台，1997 年 2 月於北京逝世。

第四章

江青（1914-1991）

山東諸城縣人。原名李雲鶴。為毛澤東第三任妻子。1929 年入山東省實驗劇院。1931 年在青島大學任圖書館管理員。1933 年加入中共，後被國民黨逮捕；獲釋後以藝名「藍蘋」在上海從事演藝活動。1937 年抵達延安，改名江青，在馬列學院學習。1938 年與毛澤東結婚。從 1960 年代起，她以進行「京劇革命」為名，插手文藝界活動。1965 年初到上海，聯同張春橋秘密組織撰寫批判《海瑞罷官》的文章，又在上海召開「部隊文藝工作座談會」，為發動「文革」作輿論準備。「文革」十年期間，成為呼風喚雨的政治人物，與張春橋、王洪文、姚文元被毛澤東稱為「四人幫」。毛澤東死後，江青被捕。1980 年中央政府設立特別法庭審判「四人幫」。1991 年 5 月，患上喉癌的江青在當局給她安置的獨立住所內自縊身亡。

康生（1898-1975）

生於山東諸城。原名張宗可，又叫張叔平。1925 年加入中國共產黨。1930 年在中共六屆三中全會上當選為中央審查委員，後任中央組織部部長。1933 年 7 月去蘇聯，為中共駐共產國際代表團主要負責人之一。在延安整風運動期間，任中央總學習委員會副主任，搞「搶救失足者」運動，造成了許多冤假錯案。中華人民共和國建立後，任中共中央書記處書記，全國政協副主席，中共第七屆中央政治局委員，第八、九屆中央政治局常委。在「文革」期間直接參與林彪、江青等人篡黨奪權的陰謀活動。他們有預謀地誣陷、迫害大批黨和國家領導人。同時在全國範圍內煽動武鬥，迫害各級領導幹部及廣大知識分子，製造了大量冤假錯案。1975 年底卒於北京。1980 年，中共中央鑒於他犯下的嚴重罪行，決定開除其黨籍，撤銷其悼詞，並公佈其罪行。

彭真（1902-1997）

山西省曲沃縣人。原名傅懋恭。1922 年於山西省立第一中學參加進步組織青年學會，接受馬克思主義。1923 年加入中國共產黨，是山西共產黨組織的創建人之一。中華人民共和國成立後，任政務院政治法律委員會副主任、黨組書記，後任中央政法小組組長。建國後一直兼任中共北京市委書記。1951 年兼任北京市市長。1954 年當選為全國人大常委會副委員長和全國政協副主席。1956 年在八大和八屆一中全會上，當選中央委員、中央政治局委員、中央書記處書記。1966 年文化大革命中受到錯誤批判，失去黨內外一切職務，包括人身自由。1979 年 9 月在中共十一屆四中全會上被補選為中央委員、中央政治局委員。1983 年在六屆全國人大一次會議上當選為全國人大常委會委員長。1997 年在北京逝世。

第五章

姚文元（1931-2005）

浙江省諸暨縣人。1948 年加入中共。1955 年因批判胡風而在文壇聞名。1958 年調到上海市委機關刊物《解放》編輯部工作。1962 年擔任《解放日報》編委兼文藝部主任。1965 年年初，江青找他撰寫《評新編歷史劇〈海瑞罷官〉》一文，經毛澤東閱讀後，發表於同年 11 月 10 日上海的《文匯報》上，成為發動文化大革命的導火線。1967 年 1 月，在「一月風暴」中，與張春橋合作組織奪取上海市領導權，成為中共上海市革命委員會第一副主任。1973 年當選為中共第十屆中央委員、中央政治局委員，與江青、張春橋、王洪文被稱為「四人幫」。1976 年在「反擊右傾翻案風」中，直接控制輿論宣傳工具，指揮「梁效」、「羅思鼎」等寫作班子，攻擊復出的老幹部。1981 年 1 月被最高人民法院特別法庭定為林彪、江青反革命集團主犯，判處有期徒刑 20 年。1996 年出獄，2005 年病逝。

吳晗（1909-1969）

浙江義烏人。歷史學家。1930 年經顧頡剛介紹，到燕京大學任館員。1931 年得胡適舉薦，入清華大學史學系為工讀生，1934 年畢業留校任教。1937 年抗日戰爭爆發後，先後應聘為雲南大學和西南聯合大學教授。抗戰結束後回清華大學任教，又擔任中國民主同盟北平市主任委員。1948 年因受國民黨迫害而進入解放區。1949 年後吳晗歷任北京市副市長、中央人民政府文化教育委員會委員。他是全國人民代表大會第一、二、三屆代表，中國人民政治協商會議第一屆全國委員會委員，第二、三屆常務委員會委員。1957 年正式成為中共黨員。1965 年 11 月因《海瑞罷官》事件受到打擊，「文革」時期遭迫害致死。重要著作有《朱元璋傳》、《讀史札記》、《投槍集》及《燈下集》等。

陳伯達（1904-1989）

福建惠安人。毛澤東時代中共黨內著名的理論家。1927 年在上海參加中共，赴蘇聯莫斯科中山大學學習。1930 年回國，任中共福建省委宣傳部秘書。1937 年

到延安，後成為毛澤東的政治秘書，著有《竊國大盜袁世凱》、《中國四大家族》。
1949 年後歷任政務院文教委員會副主任、中共中央政治研究室主任、中國科學
院副院長、國家計劃委員會副主任、《紅旗》雜誌總編輯，並繼續擔任毛澤東的秘
書。1966 年 5 月出任「中央文化革命小組」組長。因與江青等人不和而投靠林彪。
在 1970 年的九屆二中全會上被毛澤東公開批評，中共中央決定對他隔離審查。
1973 年中共中央宣佈永遠開除他的黨籍。1981 年被最高人民法院特別法庭裁定
為林彪、江青反革命集團主犯，判處有期徒刑 18 年，於 1988 年獲釋後不久病死。

張春橋 (1917-2005)

山東菏澤巨野人。「四人幫」成員、文化大革命主要策劃者之一。曾經是上海三十
年代的作家，1935 年從濟南到上海從事寫作。1937 年 9 月返回濟南，參加抗日
救亡活動。1938 年 1 月抗戰期間到延安，參加中國共產黨，此後從事革命的宣傳
文化工作。1940 年赴晉察冀解放區，曾主編《晉察冀日報》、《新石門日報》。在
中華人民共和國成立以後是《解放日報》的主編、上海市委常委、宣傳部部長和市
委候補書記等職。1958 年，一篇《破除資產階級法權》的文章深為毛澤東讚賞。
他在上海與江青會面並幫助發動文化大革命。1975 年他發表《論對資產階級的全
面專政》，此文深具毛澤東晚年思想精髓。1976 年 10 月被捕，1981 被最高人民
法院判處死緩。2005 年 4 因患胃癌去世。

王洪文 (1934-1992)

吉林省長春市人。為「文革」時期「造反派」出身的政壇新貴。1950 年參軍，1956
年成為中共黨員，復員後被安排到上海國棉十七廠工作。「文革」爆發後，率先貼
出大字報反對工廠領導，串聯組織「上海工人革命造反總司令部」，製造了臥軌攔
車的安亭事件，又參與製造上海康平路武鬥事件。1967 年 1 月在張春橋、姚文元
的直接策劃和指揮下，全面奪取上海市領導權。同年 2 月，出任「上海人民公社」
(後改名為上海市革命委員會) 副主任。1972 年被調往中央，並根據毛澤東的意
見，參加政治局的工作。在十屆一中全會上當選為中央政治局常委及中央委員會
副主席。1974 年周恩來病重住院後，曾一度主持中央日常工作。後因與江青等往
來過密而被毛澤東批評。毛澤東死後王被捕。1981 年被最高人民法院特別法庭定
為林彪、江青反革命集團主犯，判處無期徒刑。

葉劍英 (1897-1986)

廣東梅縣人。1927 年加入中共，同年 12 月領導廣州起義，任工農紅軍副指揮。
1931 年初進入中央蘇區，歷任中華蘇維埃共和國中央革命軍事委員會總參謀部部
長、紅軍第一方面軍參謀長。抗日戰爭爆發後，出任八路軍參謀長。國共內戰時
期出任中央軍委副總參謀長兼解放軍參謀長。1949 年後歷任中央人民政府委員，
廣東省人民政府主席兼廣州市市長、中南軍政委員會副主席，華南軍區司令員，中
央人民政府人民革命軍事委員會副主席等職務。1955 年被授予元帥軍銜。1966 年
出任中央軍委副主席兼秘書長。1967 年「二月抗爭」事件後，實際上被解除了領

導工作。林彪事件後，開始重新主持中央軍委日常工作，1975 年出任國防部長，後與華國鋒等合力逮捕「四人幫」。1978 年當選為第五屆全國人大常委會委員長。1982 年 9 月任中共中央軍事委員會副主席。1986 年 10 月在北京逝世。

徐向前（1901-1990）

山西五台縣人。原名徐象謙。1927 年 3 月加入中國共產黨。參加廣州起義後，轉往海陸豐地區。1935 年 6 月，紅一、四方面軍會師後，被任命為紅軍前敵總指揮部總指揮。1937 年到延安，抗日戰爭爆發後，被選為中共中央軍委委員。1938 年 4 月率 129 師和 115 師各一部進入河北省南部，創建冀南抗日根據地。1942 年任陝甘寧晉綏聯防軍副司令員，後任抗日軍政大學校長。1949 年 3 月起，帶病組織指揮太原戰役。新中國成立後，任人民解放軍總參謀長。1955 年被授予中華人民共和國元帥軍銜。1965 年起任三、四屆全國人大常委會副委員長。「文革」期間，同林彪、江青集團進行了堅決鬥爭，後被污蔑為「二月逆流」成員。1978 年至 1980 年任國務院副總理兼國防部長。1983 年 6 月被任命為中華人民共和國中央軍委員會副主席。1990 年 9 月在北京逝世。

譚震林（1902-1983）

生於湖南攸縣。1926 年加入中國共產黨，曾參與創建井岡山革命根據地。國共內戰全面爆發後，同粟裕指揮蘇中戰役，獲得七戰七捷的重大勝利。1947 年參與指揮了萊蕪、孟良崮等戰役，參與指揮了膠東保衛戰。參與淮海戰役的組織指揮。1949 年 2 月起任第三野戰軍第一副政治委員兼第七兵團政治委員等職，參加渡江戰役。1952 年起任中央華東局第三書記、華東軍政委員會副主席等職。「文革」中受到衝擊和迫害，與江青、陳伯達、林彪集團進行了堅決的鬥爭。1974 年重新出來工作。他是中國共產黨第七、八、十、十一屆中央委員。1983 年 9 月在北京逝世。

第六章

華國鋒（1921-2008）

山西省交城人。原名蘇鑄。1938 年 10 月加入中共。曾任區游擊隊隊長，參加敵後抗日活動。1949 年夏隨南下工作團到湖南，任中共湘陰縣委書記。中華人民共和國成立後，歷任中共湘潭縣委書記、中共湖南省委統戰部部長、省委書記處書記。「文革」時期毛澤東多次返回湖南視察，他均陪伴左右。1968 年出任湖南省革命委員會主任，次年被選為中共第九屆中央委員。毛澤東因他實心用事的工作態度，及未有牽涉到過去領導階層權力鬥爭的關係，特意提拔他進入中央領導階層。1971 年出任國務院業務組成員，1973 年被選為中央政治局委員，1975 年更被任命為國務院副總理兼公安部長。「四五事件」後，毛澤東建議中央任命他為中共中央第一副主席、國務院總理。毛澤東死後，他為了確立自己作為毛澤東繼承人的地位，除提倡對自己的個人崇拜外，在意識形態上倡導兩個「凡是」。其後在與鄧小平等「務實派」的權力鬥爭中失勢而淡出政壇。2008 年 8 月在北京逝世。

毛遠新 （1941- ）

生於新疆。是毛澤東之弟毛澤民的兒子，1943 年毛澤民被新疆軍閥盛世才殺害於迪化（今烏魯木齊），當時毛遠新只有兩歲。1951 年被送到北京上學。毛遠新與江青關係甚佳。1960 年入讀清華大學無線電電子系。後經毛澤東同意，轉到哈爾濱軍事工程學院學習。1965 年畢業後參軍。「文革」爆發初期，成為哈爾濱的紅衛兵領袖。1968 年 5 月，遼寧省革命委員會成立，擔任革委會副主任，後成為瀋陽軍區政委、政治部副主任。1975 年 9 月，毛澤東病重，他到中央擔任「聯絡員」，負責與政治局的溝通。1976 年毛澤東逝世後被捕。1993 年刑滿出獄，在上海汽車工業質量檢測研究所工作。2001 年退休。

李先念 （1909-1992）

湖北黃安（今紅安）人。1927 年加入中國共產黨。1931 年後任中國工農紅軍第四方面軍團政委、師政委、軍政委。1935 年參加長征，率領第四方面軍的先頭部隊攻克四川省西部的懋功，同中國工農紅軍第一方面軍會師。抗日戰爭時期，任新四軍豫鄂挺進縱隊司令員，中共豫鄂邊區委員會書記，創建了豫鄂邊區抗日根據地。解放戰爭時期，領導了中原解放區的自衛戰爭。1954 年任國務院副總理，兼任財政部部長。「文革」中，協助周恩來總理主持經濟工作。1976 年 10 月在粉碎「四人幫」的鬥爭中起了重要作用。1983 年在第六屆全國人民代表大會上當選為中華人民共和國主席。1988 年 4 月當選為第七屆中國人民政治協商會議全國委員會主席。1992 年 6 月在北京逝世。

第七章

王震 （1908-1993）

湖南瀏陽人。1927 年加入中國共產黨。1929 年加入紅軍，1934 年率領紅六軍團長征。抗日戰爭時期任八路軍 120 師 359 旅旅長兼政委，以南泥灣大生產聞名，1943 年朱德提出南泥灣政策，後經中共中央批准，決定由王震率 120 師去實行軍墾屯田，紓緩當時的糧草不足問題。中華人民共和國成立後任中共中央新疆分局書記、新疆軍區代司令員兼政委，於 1954 年在新疆成立生產建設兵團從事開墾，翌年又在黑龍江建立軍墾農場，主導拓荒事業，對邊疆開墾有一定貢獻。文化大革命時期受到衝擊，但得毛澤東力保。1975 年四屆人大會議上被任命為國務院副總理，但對文化大革命持不同意見，並多次要求鄧小平復出。1978 年中共十一屆三中全會上，被增選為中央政治局委員。1988 年七屆人大一次會議上，被選為中華人民共和國副主席，1993 年病逝於廣州。

胡耀邦 （1915-1989）

湖南瀏陽人。1929 年在家鄉加入中國共產主義青年團。1931 年調到江西省南部和福建省西部的中央革命根據地工作，同年轉入中國共產黨。1934 年參加長征。到達陝北後，出任共青團中央宣傳部長、組織部長。「文革」時期受到迫害，至

1975 年恢復工作，擔任中國科學院黨組織的領導人。「四人幫」倒台後，先後出任中共中央黨校副校長、中央組織部部長。他因為領導落實平反冤假錯案的工作，加上平日作風平易近人，備受過去被迫害的幹部及知識分子的擁戴。他在 1980 年當選為中央政治局常委、中央總書記。次年 6 月當選中央主席。至 1987 年因武漢學潮事件而辭去中央總書記職務。同年 11 月在中共十三屆一中全會上當選為中央政治局委員。1989 年 4 月出席政治局會議時心臟病發，在醫院病逝。

薄一波 （1908-2007）

山西定襄人。1922 年入讀山西國民師範學校。1925 年加入中共，其後領導太原的工人運動和學生活動。抗戰期間他組建山西青年抗敵決死隊，發展中共組織。1948 年他出任中共中央華北局第一書記、華北軍區政治委員、華北人民政府副主席兼華北財經委員會副主任，參加平津戰役的組織工作。1949 年後，出任中央人民政府委員、財政經濟委員會副主任、財政部部長。在陳雲主持下制定各種經濟改革措施。1951 年後受中央委派負責主持「三反」與「五反」運動。後長期主持全國工業、交通系統工作。「文革」時期受到嚴重迫害，「文革」後被恢復名譽。1979 年出任國務院副總理，1982 年出任中共中央顧問委員會副主任，主持中顧委日常工作。2007 年在北京病逝。

趙紫陽 （1919-2005）

河南滑縣人。1932 年加入中國共產主義青年團。1938 年加入中共。中華人民共和國建立後，歷任中共中央華南分局農村工作部部長、中共廣東省委第一書記，「文革」初期曾受到衝擊，被撤銷一切職務。1971 年重新出任領導工作。1975 年調任中共四川省委第一書記和四川省革命委員會主任，解放軍成都部隊第一政委，任內致力提升四川省的農業生產力，政績備受好評。1980 年被任命為國務院總理。1987 年 10 月，中共召開十三大，趙紫陽歸納鄧小平的指示，在報告中系統地提出「社會主義初級階段論」和「一個中心、兩個基本點」的概念。「六四事件」後，被撤銷黨內的一切領導職務。2005 年 1 月病逝。

楊尚昆 （1907-1998）

四川潼南人。1920 年考入成都高等師範學校，畢業後加入中國共產主義青年團，次年轉為中共黨員，同年入讀莫斯科中山大學。1931 年回國後參與工人運動和抗日救亡運動的組織領導工作。抗戰初期出任中共中央北方局副書記，參與領導創建華北敵後抗日根據地。1947 年出任中央警衛司令員，中央後方委員會副書記。次年出任中央辦公廳主任及中央軍委秘書長，協助周恩來處理中共中央和中央軍委日常工作。共和國成立後，他繼續擔任中共中央副秘書長、中央辦公廳主任、中央軍委秘書長等職務。「文革」初期因被誣為「私設竊聽器」的罪名而被撤職，遭到長期監禁與迫害。中共十一屆三中全會後獲得平反而復出，並成為鄧小平改革開放政策的重要支持者。1988 年當選為國家主席、中央軍委副主席。1993 年後不再擔任領導職務。1998 年 9 月在北京逝世。

第八章

江澤民 (1926-)

江蘇揚州人。1943年考入南京中央大學電機系，抗戰勝利後，轉讀上海交通大學電機系。1946年成為中共黨員。1955年曾赴莫斯科的汽車製造廠實習。1980年擔任國家進出口管理委員會、外國投資管理委員會副主任兼秘書長，參與制定擴大對外貿易、引進外國技術和設備、吸收利用外資等方面的政策。1985年出任上海市市長，1987年改任中共上海市委書記。1989年6月在中共十三屆四中全會上當選為中共中央政治局常委、中央委員會總書記。同年11月出任中央軍委主席。在2002年的中共十六大上，總書記一職由胡錦濤接任。2005年3月，人大會議決定接受他辭去中央軍委主席的請求，由胡錦濤接任。

李鵬 (1928-2019)

四川成都人，為早期中共黨員李碩勛之子。李碩勛被國民黨捕殺後，李鵬由中共黨組織照顧。抗戰時期被周恩來接往延安生活。1948年8月前往莫斯科動力學院水力發電系學習，曾任中國留蘇學生會主席、中國留蘇學生黨支部書記、中國留學生總會主席。1955年回國，長期主管水利與電力工作。1966年至1979年任北京供電局黨委代理書記、革委會主任，北京電業管理局局長、黨組書記。1979年至1983年任電力工業部副部長、黨組成員兼華北電業管理局黨組書記，電力工業部部長、黨組書記，水利電力部副部長、黨組副書記。1988年在第七屆全國人民代表大會第一次會議上被任命為國務院總理。1998年3月當選全國人民代表大會常務委員會委員長，至2003年由吳邦國接任。

李瑞環 (1934-)

天津寶坻人。1959年9月加入中共。1951年至1965年在北京第三建築公司當工人。1965年至1966年，任北京建築材料供應公司黨委副書記兼北京建築木材廠黨總支部書記。「文革」時期遭到迫害。1979年至1981年任共青團中央書記處書記，全國青聯副主席。1984年至1987年任中共天津市委副書記、市長、市委書記（1987年8月任）。在主政天津期間，以務實和親民態度，通過進行城市基礎設施的建設，取得相當聲譽。1987年當選中共中央政治局委員。1989年當選政治局常委。1993年3月當選為第八屆全國政協主席。1998年至2003年連任第九屆全國政協主席。

朱鎔基 (1928-)

湖南長沙人。1947年入讀清華大學電機系。1949年10月加入中共。1951年於清華大學畢業後，任東北工業部計劃處生產計劃室副主任。1952年後歷任國家計劃委員會燃料動力局、綜合局組長，國家計委主任辦公室副處長，國家計委機械局綜合處副處長。反右運動期間被打為右派。1970至1975年間下放「五七幹校」。1987年10月在中共十三次全國代表大會上當選為中央政治局候補委員。1989年

8月出任中共上海市委書記兼上海市市長，任內提出開發浦東的基本思路和總體規劃的設想。1992年10月當選中央政治局委員。次年被任命為國務院副總理，並兼任中國人民銀行行長，以鐵腕手法整頓金融秩序，推行金融體制改革，嚴厲打擊貪污及走私活動，取得良好成效。1997年9月當選中央政治局常委。1998年被任命為國務院總理，2003年退休，由溫家寶接任。

第九章

胡錦濤（1942- ）

安徽績溪人。1959年考進清華大學水利工程系。在清華大學期間，曾任學生文工團舞蹈隊團支部書記、水利系政治輔導員。1964年4月加入中國共產黨。1968年至1969年，胡錦濤在水電部劉家峽工程局房建隊勞動。1969年至1974年，在水利部第四工程局八一三分局歷任技術員、秘書、機關黨支部副書記。1974年調任甘肅建設委員會秘書，此後歷任甘肅省建委設計管理處副處長、甘肅省建委副主任。1982年9月調任共青團甘肅省委書記。數月後擔任共青團中央書記處書記、全國青聯主席。1984年至1985年任共青團中央第一書記。1985年調任貴州省委書記。當時貴州爆發學運，他連夜主持召開會議，與示威學生進行商討而平息事件。1988年擔任西藏自治區黨委書記，次年西藏發生暴亂，他以強硬手段平亂，因而得到中央領導人的肯定。1992年出任中共中央政治局常委、中央書記處書記。後兼任中共中央軍事委員會副主席、中華人民共和國副主席、中華人民共和國中央軍事委員會副主席、中央黨校校長。2002年11月在中共十六屆一中全會上當選為中共中央總書記。

溫家寶（1942- ）

天津市人。1960年考入北京地質學院（現名中國地質大學）。1965年4月加入中國共產黨。在1968年獲得地質構造專業研究生學歷後，被分配到甘肅省從事地質工作。隨後由一名專業技術人員，晉升為技術官員，並逐步進入中共政壇的核心。1986至1993年間出任中央辦公廳主任。「六四事件」期間，曾以中共中央辦公廳主任的身份，陪同當時的中共中央總書記趙紫陽到天安門廣場勸慰學生停止絕食活動。1993年當選為中央政治局候補委員，開始參與中央的經濟和農業工作，由黨務幹部，轉型為經濟幹部，並在1998年出任國務院副總理，主管農業和金融工作。2002年11月當選政治局常委。2003年3月出任國務院總理。

蔣經國（1910-1988）

浙江奉化人。字建豐。是蔣介石的長子。1925年積極參加五卅運動，同年10月前往蘇聯莫斯科中山大學學習。同學中有比他大六歲的鄧小平。蔣經國1927年畢業於莫斯科中山大學。其間曾正式加入蘇聯共產黨。1937年3月離開莫斯科回國。次年加入中國國民黨。1939年擔任江西省第四區（贛南地區）行政督察專員

兼區保安司令。國民黨退守台灣後，蔣經國於 1950 年擔任「總政戰部主任」，旋兼任「總統府資料室主任」，正式統籌台灣的情治工作。同年 7 月擔任國民黨中央改造委員，進入黨內決策核心。1972 年，出任「中華民國」「行政院院長」，1975 年，繼蔣介石出任國民黨中央委員會主席兼中央常務委員會主席。1978 年經由第一屆「國民大會」選舉，當選為「中華民國第六任總統」，1984 年連續當選為「中華民國第七任總統」。其間由於 1978 年美國宣佈將與「中華民國」斷交，次年發生「美麗島事件」，台灣島內外政治局勢出現重大變化。因應國際情勢演變及島內政治改革的需求，在執政晚年逐步開始自由化的改革，於 1987 年宣佈解除戒嚴、容許台灣民眾返回大陸探親，次年開放報禁。1988 年於台北病逝。

楊利偉（1965-）

遼寧省葫蘆島市綏中縣綏中鎮人，是中國第一位進入太空的太空人。高考考進空軍第二飛行基礎學校，次年進入空軍第八飛行學院。1987 年畢業，獲得學士學位。分配至蘭州軍區空軍強擊航空兵第 45 師第 134 團任飛機飛行員。1992 年晉升空軍上尉。1996 年初夏參加中國航天員選拔。1998 年 1 月成為中國首批航天員。2003 年 10 月 15 日北京時間 9 時的酒泉衛星發射中心，長征二號 F 火箭將楊利偉乘坐的神舟五號飛船送入太空。在任務中途，楊利偉向攝像機鏡頭展示了五星紅旗以及聯合國旗。在環繞地球軌道十四周，航行了超過六十萬千米後，神舟五號於北京時間 2003 年 10 月 16 日早晨 6 時 30 分在內蒙古主着陸場成功着陸。2004 年獲香港中文大學頒發榮譽理學博士學位。2017 年 10 月，楊利偉獲得由聯合國教科文組織頒發的「空間科學獎章」。

錢學森（1911-2009）

祖籍浙江省杭州市臨安市。1923 年 9 月，進入北京師範大學附屬中學學習。1929 年考入鐵道部交通大學上海學校機械工程學院鐵道工程系，1934 年畢業于國立交通大學（現上海交通大學和西安交通大學），6 月考取清華大學第七屆庚款留美學生。1935 年 9 月進入美國麻省理工學院航空系學習，1936 年 9 月獲麻省理工學院航空工程碩士學位，後轉入加州理工學院航空系學習。1939 年，獲美國加州理工學院航空、數學博士學位。1947 年，任麻省理工學院教授。1950 年代中美交惡，錢學森受到無理迫害，中國經過多方努力，美國政府始答允錢學森返回中國。1956 年初，他向中共中央、國務院提出《建立我國國防航空工業的意見書》；同年，國務院、中央軍委根據他的建議，成立了導彈、航空科學研究的領導機構——航空工業委員會，並任命他為委員。

　　1956 年錢學森組建中國第一個火箭、導彈研究所——國防部第五研究院並擔任首任院長。他主持完成了「噴氣和火箭技術的建立」規劃，參與了近程導彈、中近程導彈和中國第一顆人造地球衛星的研製，直接領導了用中近程導彈運載原子彈「兩彈結合」試驗，參與制定了中國近程導彈運載原子彈「兩彈結合」試驗，參與制定了中國第一個星際航空的發展規劃，發展建立了工程控制論和系統學等。

在錢學森的帶領下，1964 年 10 月 16 日中國第一顆原子彈爆炸成功，1967 年 6 月 17 日中國第一顆氫彈空爆試驗成功，1970 年 4 月 24 日中國第一顆人造衛星發射成功。2009 年 10 月 31 日，錢學森在北京逝世，享年 98 歲。

第十章

習近平（1953- ）

祖籍陝西富平，生於北京，父親為中共元老習仲勳。「文革」時期響應毛澤東「上山下鄉」的號召，到延安市延川縣文安驛鎮公社梁家河大隊插隊。因習仲勳在「文革」時期被打倒的關係，習近平直到 1974 年 1 月才能成功申請加入中國共產黨。1975 年進入清華大學化工系學習。1979 年畢業後，分配到國務院辦公廳和中共中央軍委辦公廳，擔任國防部部長耿飈的秘書。1985 年調任廈門市副市長，1993 年升任福州市市委書記，2000 年出任福建省省長。2007 年調任中共上海市委書記。同年被選為中央政治局常委。2012 年 11 月，出任中共中央總書記兼中共中央軍委主席。

李克強（1955- ）

安徽定遠人。「文革」時期以知青身份到安徽省鳳陽縣大廟公社東陵大隊。1976 年擔任鳳陽縣大廟公社大廟大隊黨支部書記。同年 5 月加入中國共產黨。1978 年入讀北京大學法律系。1994 年取得北京大學經濟學院經濟學專業博士學位。2002 年至 2004 年出任河南省委書記。2004 年至 2007 年調任遼寧省委書記。2007 年晉身中央政治局常委。2008 年至 2013 年擔任中央政治局常委、國務院副總理、黨組副書記、國務院三峽工程建設委員會主任、國務院南水北調工程建設委員會主任、國務院深化醫藥衛生體制改革領導小組組長。2013 出任國務院總理及國務院黨組書記。

馬雲（1964- ）

祖籍浙江省紹興嵊州市，生於浙江省杭州市，中國企業家。1982 年，馬雲高中畢業後，參加第一次高考，數學考了 1 分。1983 年，第二次參加高考也告失敗。後來替山海經、東海、江南三家雜誌社踩三輪車送書，晚上上夜校。1984 年，第三次參加高考，考上杭州師範學院外語系外語外貿專業的專科。1988 年畢業於杭州師範學院（現杭州師範大學）外語系英語專業。1991 年，他集資 3000 人民幣創辦海博翻譯社，又組織了杭州第一個英語角。1995 年，馬雲在訪美時首次接觸到網際網路，回國後和他的妻子及老師的何一兵於 1995 年 4 月創辦網站「中國黃頁」，專為中國公司製作網頁，其後不到三年時間，他們利用該網站賺到了人民幣 500 萬。1997 年，他為中國外經貿部開發其官方站點及中國產品網上交易市場。1998 年出任中國國際電子商務中心國富通資訊技術發展有限公司總經理，1999 年創辦阿里巴巴，並擔任阿里集團 CEO、董事局主席。2003 年成立淘寶網，2004 年創立協力廠商電子支付平臺支付寶。2014 年 9 月 19 日，阿里巴巴集團於紐約證券

交易所正式掛牌上市。2018 年 9 月 10 日，馬雲宣佈 2019 年 9 月 10 日起，他將不再擔任集團董事局主席。 馬雲熱心公益，2015 年 4 月 3 日向母校杭州師範大學捐贈 1 億元人民幣，設立「杭州師範大學馬雲教育基金」，主要用於資助教育研究與教育創新。2015 年 4 月，馬雲與馬化騰等人聯合發起成立公益機構「桃花源生態保護基金會」，從事環保公益事業。

任正非（1944- ）

中國貴州省安順市鎮寧縣人，祖籍浙江省浦江縣，中國企業家。1944 年 10 月出生於貴州。1963 年進入重慶建築工程學院（現重慶大學）學習，畢業後入伍成為基建工程兵至 1982 年退伍，轉業至深圳工作。1987 年，任正非集資 21,000 元人民幣創立華為公司，1988 年任華為公司總裁至今。華為最初專注於製造電話交換機，其後將業務範圍擴充至建設電信網路，為中國境內外企業提供運營和諮詢服務及裝置，以及為消費市場製造通訊裝置。截至 2018 年 9 月，華為擁有超過 188,000 名員工，其中約有 76,000 人從事研發工作。2000 年，被美國《福布斯》雜誌評選為中國 50 富豪第 3 位。個人財產估計為 5 億美元。2011 年，任正非以 11 億美元首次進入福布斯富豪榜，排名全球第 1056 名，中國第 92 名。2018 年 3 月，任正非不再擔任副董事長，變為董事會成員。10 月 24 日，入選中央統戰部、全國工商聯《改革開放 40 年百名傑出民營企業家名單》。2019 年 4 月，登上美國《時代》雜誌（Time）2019 年度全球百位最具影響力人物榜。

中華人民共和國大事簡表

年 份	政 治	社會與文化	經 濟	外交與軍事
1949	● 中國人民政治協商會議第一屆全體會議 ● 開國大典			● 毛澤東訪問蘇聯
1950	● 鎮壓反革命運動	● 頒佈《中華人民共和國婚姻法》及《中華人民共和國土地改革法》		● 簽訂《中蘇友好同盟互助條約》 ● 中國人民志願軍入朝參戰
1951	● 西藏和平解放 ● 教育界的思想改造運動 ●「三反」運動			
1952	●「五反」運動	● 全國高等院校進行院系調整		● 中日簽訂第一個民間貿易協議
1953		● 土改基本完成	● 提出第一個五年計劃 ● 開展農業集體化	● 周恩來首次提出和平共處五項原則
1954	● 確立「社會主義過渡時期總路線」 ● 頒佈《五四憲法》		● 康藏、青藏公路通車	
1955				● 萬隆會議

年 份	政 治	社會與文化	經 濟	外交與軍事
1956	● 中共八大	● 國務院推出有關推廣普通話及《漢字簡化方案》	● 手工業及資本主義工商業的社會主義改造基本完成	
1957	● 反右運動			
1958	● 實行「社會主義建設總路線」	● 推行戶籍制度 ● 全國農村基本實現人民公社化	● 實施「大躍進」	
1959	● 西藏發生叛亂 ● 盧山會議			● 赫魯曉夫在中印衝突中偏袒印度
1960		● 全國大饑荒災情日趨嚴重		● 蘇聯宣佈撤回所有蘇聯在華顧問 ● 第一枚近程導彈發射成功
1961	● 中共八屆九中全會			
1962	● 七千人大會			
1963	● 周恩來提出「四個現代化」的構想 ● 社會主義教育運動	● 文藝活動的大批判		● 中蘇兩黨公開論戰
1964	●《毛主席語錄》出版	● 文化革命五人小組成立	● 實施「三線建設」	● 成功試爆首枚原子彈
1965	● 制定《二十三條》 ● 西藏自治區成立 ● 姚文元發表《評新編歷史劇〈海瑞罷官〉》			

年 份	政 治	社會與文化	經 濟	外交與軍事
1966	● 毛澤東公開號召發動文化大革命	●《五七指示》發佈 ● 紅衛兵運動興起		
1967	● 全國掀起奪權風 ● 實施「三支兩軍」 ● 武漢發生「七二〇事件」			● 成功試爆氫彈 ● 紅衛兵火燒北京的英國代辦處
1968	● 毛澤東下令「工宣隊」進駐校園	● 毛澤東號召青年上山下鄉		
1969	● 中共九大		● 北京建成全國首條地下鐵路	● 珍寶島事件
1970	● 中共九屆二中全會	● 開始落實「教育革命」		
1971	● 林彪叛逃身亡	● 全國教育工作會議提出「兩個估計」		● 中華人民共和國取得在聯合國的席位
1972	● 毛澤東下令停止「三支兩軍」			● 尼克遜訪華，中美發表《上海公報》 ● 中日建交
1973	● 鄧小平復出 ● 中共十大			
1974	● 江青等人發動「批林批孔」運動			
1975	● 反擊右傾翻案風		● 鄧小平領導1975年整頓	● 美國總統福特訪華

年 份	政 治	社會與文化	經 濟	外交與軍事
1976	● 周恩來病逝 ● 四五事件 ● 毛澤東病逝 ● 四人幫被捕	● 唐山大地震		
1977	● 中共十一大 ● 鄧小平復出	● 恢復高考 ● 為「右派分子」平反	● 華國鋒提出「新躍進」	
1978	●「實踐是檢驗真理的唯一標準」的討論 ● 中共十一屆三中全會		● 小崗村的農戶私下分田到戶 ● 進行擴大企業自主權的試點改革	●《中日和平友好條約》生效
1979	● 全國人大常委會發表《告台灣同胞書》，宣佈停止炮擊金門等島嶼	● 開始試行撤銷人民公社的工作	● 試辦深圳和珠海兩個「出口特區」	● 中美建交 ● 中國對越南發動自衛反擊戰
1980	● 中共十一屆五中全會 ● 公審「四人幫」		● 批准在廣東省的深圳、珠海和汕頭、福建省的廈門建立「經濟特區」	
1981	● 華國鋒被免去中共中央主席的職務，由胡耀邦接任			
1982	● 鄧小平提出「一國兩制」的概念	● 中共十二大第一次把教育和科學列為全黨三大戰略重點之一	● 提出計劃經濟為主、市場調節為輔的改革原則	

年　份	政　治	社會與文化	經　濟	外交與軍事
1983				● 胡耀邦訪日
1984		● 推行居民身份證制度	● 推行「廠長負責制」 ● 開放天津、上海、大連等 14 個沿海港口。	● 簽訂《中英兩國政府關於香港問題的聯合聲明》
1985		● 推行「教師節」	● 進一步開放長江三角洲、珠江三角洲及閩南廈門、泉州、漳州三角地帶	
1986				● 中國政府申請恢復中國在關貿總協定中的締約國地位
1987	● 胡耀邦辭去總書記職務，由趙紫陽接任 ● 開展「反資產階級自由化」運動 ● 中共十三大		● 提出「國家調節市場，市場引導企業」的新機制	● 簽訂《中葡聯合聲明》
1988			● 成立海南省 ● 進行「物價闖關」	

年 份	政 治	社會與文化	經 濟	外交與軍事
1989	● 胡耀邦逝世 ● 六四事件 ● 趙紫陽被撤銷黨內的一切領導職務,江澤民出任中央委員會總書記			● 蘇聯最高領導人戈爾巴喬夫訪華 ● 美國政府宣佈對中國實施制裁
1990	● 全國人大正式通過《香港特別行政區基本法》		● 上海、深圳證券交易所先後成立	
1991				● 江澤民出訪蘇聯
1992	● 鄧小平發表南巡講話 ● 中共十四大		● 江澤民提出經濟體制改革的目標是建立「社會主義市場經濟體制」 ● 國有企業紛紛上市集資	● 江澤民出訪日本
1993	● 全國人大正式通過《澳門特別行政區基本法》 ● 中國政府發表《台灣問題與中國統一》白皮書		● 朱鎔基出任國務院第一副總理,同年兼任中國人民銀行行長 ● 實施宏觀調控	● 江澤民出訪美國
1994		● 實行住房改革,提出要逐步實現住房商品化、社會化	● 中國鋼產量超越美國,躍升為世界第二位	

年 份	政 治	社會與文化	經 濟	外交與軍事
1995		● 實施「科教興國」戰略		
1996		● 開始第九個五年計劃 ● 中共召開中央扶貧開發工作會議		
1997	● 鄧小平逝世 ● 中共十五大		● 實施擴大內需推動經濟發展的策略	● 香港回歸 ● 江澤民再度訪美，中美兩國政府就「致力於建立建設性戰略夥伴關係」達成共識
1998				● 克林頓訪華
1999	● 台灣的李登輝發表「兩國論」	● 公佈《失業保險條例》及《城市居民最低生活保障條例》		● 美軍轟炸中國駐南斯拉夫使館 ● 澳門回歸
2000	● 江澤民提出「三個代表」理論	● 國務院成立西部地區開發領導小組，領導實施「西部大開發」計劃	● 國務院加強對國有企業的監督	

年 份	政 治	社會與文化	經 濟	外交與軍事
2001	● 江澤民提出政府未來的施政方針必須是「全心全意為人民服務，立黨為公，執政為民」	● 江澤民發表《七一講話》	● 中國正式加入世貿	● 中國、俄羅斯、哈薩克等六國簽訂《上海合作組織成立宣言》 ● 簽訂《中俄睦鄰友好合作條約》，中國政府公開表態堅決支持打擊恐怖主義的戰爭
2002	● 中共十六大召開，胡錦濤出任中共中央總書記		● 中國首次成為世界上利用外商直接投資最多的國家	● 美國總統布殊訪華
2003	● 溫家寶出任國務院總理 ● 胡錦濤首次提出「科學發展觀」的概念 ● 中共提出創造公正透明、廉潔高效的行政管理體制的改革理念	● 「沙士」爆發		● 神舟五號成功升空，中國首次完成載人航天任務
2004	● 中共提出「構建社會主義和諧社會」的概念 ● 江澤民辭去中共中央軍事委員會主席職務	● 溫家寶公開宣佈在五年內全部廢除農業稅		

年 份	政 治	社會與文化	經 濟	外交與軍事
2005	● 通過《反分裂國家法》	● 中國人口突破 13 億		
2006			● 青藏鐵路通車	
2007	● 中共十七大			
2008	● 通過《物權法》及《勞動合同法》	● 四川大地震 ● 北京舉辦第二十九屆夏季奧林匹克運動會		● 胡錦濤到日本進行國事訪問 ● 神舟七號升空，中國首次實現航天員太空出艙活動
2009			武廣高鐵開通	
2010		上海世博開幕		嫦娥二號發射
2011			● 中國國內生產總值超越日本	● 遼寧號首次出海試航 ● 神舟八號順利與天宮一號軌道艙順利對接
2012	● 中共十八大 ● 薄熙來事件 ● 習近平提出中國夢的構想			日本購買釣魚島事件引發爭端
2013	周永康被捕		習近平提出「一帶一路」概念	● 斯諾登事件 ● 嫦娥三號發射

年 份	政 治	社會與文化	經 濟	外交與軍事
2014			● 習近平提出「新常態」概念 ● 李克強提出「互聯網＋」的概念	嫦娥五號發射
2015		全面開放建制鎮和小城市的落戶限制	李克強提出「中國製造2025」概念	對解放軍進行改組
2016		建立全民社會保障體系	● 亞投行成立 ● 國內生產總值增至80萬億元	特朗普當選美國總統
2017	中共十九大	6000多萬人口穩定脫貧	鐵路客運量達30.39億人次	特朗普訪華
2018	習近平再度當選中華人民共和國主席		中國網絡購物的比例已達73.6%	中美貿易爭端越演越烈

延伸閱讀書目

○ 通論、通史式著述

- 金春明:《中華人民共和國簡史 (一九四九—二〇〇四)》,中共黨史出版社,北京,2004 年。
- 莫里斯・邁斯納(Maurice Meisner)著、杜蒲譯:《毛澤東的中國及其後:中華人民共和國史》,中文大學出版社,香港,2005 年。
- 陳永發:《中國共產革命七十年 (修訂版)》(下冊),聯經出版事業,台北,2001 年。
- 郭德宏、王海光、韓鋼主編:《中華人民共和國專題史稿》,四川人民出版社,成都,2004 年。
- Gray, Jack: *Rebellions and Revolutions: China from the 1800s to 2000*, Oxford University Press, second ed. Oxford, 2002.

○ 第一章

- 中共中央黨史研究室:《中國共產黨歷史》(第一卷),中共黨史出版社,北京,2002 年。
- 高華:《紅太陽是怎樣升起的——延安整風運動的來龍去脈》,中文大學出版社,香港,2000 年。
- 陳永發:《延安的陰影》,中央研究院近代史研究所,台北,1990 年。
- 費正清(John K. Fairbank)主編、章建剛譯:《劍橋中華民國史》(第一部),上海人民出版社,上海,1991 年。
- 楊奎松:《國民黨的「聯共」與「反共」》,社會科學出版社,北京,2008 年。
- Chen, Y. F.: *Making Revolution: The Communist Movement in Eastern and Central China, 1937-1945*, University of California Press, Berkeley, 1986.

○ 第二章

- 李華:《北京與莫斯科:結盟・對抗・合作》,人民出版社,北京,2007 年。
- 沈志華:《毛澤東、史達林與朝鮮戰爭》,廣東人民出版社,廣州,2003 年。
- 陳永發主編:《兩岸分途:冷戰初期的政經發展》,中央研究院近代史研究所,台北,2006 年。

● 馮秋婷等主編：《中國共產黨執政方式探析》，中共中央黨校出版社，北京，2001 年。
● 楊奎松：《毛澤東與莫斯科的恩恩怨怨》，江西人民出版社，南昌，1999 年。
● 羅平漢：《土地改革運動史》，福建人民出版社，福州，2005 年。

○ 第三章

● 沈志華：《思考與選擇：從知識分子會議到反右派運動 (1956-1957)》，香港中文大學當代中國文化研究中心，香港，2008 年。
● 逄先知、金沖及主編：《毛澤東傳 (1949-1976)》（上冊），中央文獻出版社，北京，2003 年。
● 張柏春、姚芳等著：《蘇聯技術向中國的轉移 (1949-1966)》，山東教育出版社，濟南，2004 年。
● 葉永烈：《歷史悲歌——「反右派」內幕》，天地圖書，香港，1995 年。
● 劉國光：《中國十個五年計劃研究報告》，人民出版社，北京，2006 年。
● 薄一波：《若干重大決策與事件的回顧 (修訂本)》（上卷），人民出版社，北京，1997 年。
● 黨的文獻編輯部編：《共和國重大決策和事件述實》，人民出版社，北京，2005 年。
● Solinger, Dorothy J.: *Chinese Business Under Socialism: The Politics of Domestic Commerce, 1949-1980*. University of California Press, Berkeley, 1984.

○ 第四章

● 李銳：《廬山會議實錄》，天地圖書，香港，1992 年。
● 沈志華主編：《中蘇關係史綱 (1917-1991)》，新華出版社，北京，2007 年。
● 林蘊暉：《烏托邦運動：從大躍進到大饑荒，1958-1961》，香港中文大學當代中國文化研究中心，香港，2008 年。
● 張樂天：《告別理想——人民公社制度研究》，上海人民出版社，上海，2005 年。
● 曹樹基：《大饑荒》，時代國際出版有限公司，香港，2005 年。
● 楊奎松主編：《冷戰時期的中國對外關係》，北京大學出版社，北京，2006 年。
● 錢庠理：《歷史的變局：從挽救危機到反修防修 (1962-1965)》，香港中文大學當代中國文化研究中心，香港，2008 年。
● Bachman, David M.: *Bureaucracy, Economy, and Leadership in China: The Institutional Origins of the Great Leap Forward*. Cambridge University Press, New York, 1991.

○ 第五章

- 卜偉華：《「砸爛舊世界」：文化大革命的動亂與浩劫（1966-1968）》，香港中文大學當代中國文化研究中心，香港，2008 年。
- 唐少傑：《一葉知秋：清華大學 1968 年「百日大武鬥」》，中文大學出版社，香港，2003 年。
- 席宣、金春明：《「文化大革命」簡史》，增訂新版。中央黨史出版社，北京，2005 年。
- 徐友漁：《形形色色的造反：紅衛兵精神素質的形成及演變》，中文大學出版社，香港，1999 年。
- 張化、蘇采青主編：《回首文革》，中央黨史出版社，北京，2000 年。
- 劉青峰編：《文化大革命：史實與研究》，中文大學出版社，香港，1996 年。
- Law, Kam-yee ed.: *The Chinese Cultural Revolution Reconsidered: Beyond Purge and Holocaust*. Palgrave Macmillan, New York, 2003.
- MacFarquhar, Roderick and Schoenhals, Michael: *Mao's Last Revolution. Cambridge*, The Belknap Press of Harvard University Press, Mass., 2006.

○ 第六章

- 毛毛（鄧榕）：《我的父親鄧小平「文革」歲月》，中央文獻出版社，北京，2000 年。
- 史雲、李丹慧：《難以繼續的「繼續革命」：從批林到批鄧，1972-1976》，香港中文大學當代中國文化研究中心，香港，2008 年。
- 哈里・哈丁（Harry Harding）：《脆弱的關係——1972 年以來的美國和中國》，三聯書店，香港，1993 年。
- 馬繼森：《外交部文革紀實》，中文大學出版社，香港，2003 年。
- 程中原、夏杏珍：《鄧小平與一九七五年整頓》，人民出版社，北京，2004 年。
- 鄭謙、張化：《毛澤東時代的中國（1949-1976）》（第三卷），中共黨史出版社，北京，2003 年。
- Jin Qiu: *The Culture of Power: The Lin Biao Incident in the Cultural Revolution*. Stanford University Press, Stanford, 1999.
- Unger, Johathan: *Education under Mao: Class and Competition in Canton Schools*. Columbia University Press, New York, 1982.

○ 第七章

- 中央文獻研究室編：《百年小平》，新世界出版社，北京，2004 年。

- 沈寶祥：《胡耀邦與真理標準問題討論》，江西人民出版社，南昌，2005 年。
- 凌志軍：《1978：歷史不再徘徊》，人民出版社，北京，2008 年。
- 楊繼繩：《鄧小平時代》，三聯書店，香港，1999 年。
- 趙鼎新：《國家、社會關係與八九北京學運》，中文大學出版社，香港，2007 年。
- 鄭竹園：《大陸經濟改革與兩岸關係》，聯經出版事業，台北，2000 年。
- 蕭冬連：《歷史的轉軌：從撥亂反正到改革開放，1979-1981》，香港中文大學當代中國文化研究中心，香港，2008 年。
- Baum, Richard: *Chinese Politics in the Age of Deng Xiaoping: The Cycles of Reform.* Princeton University Press, Princeton, N. J., 1994.
- Wasserstrom, Jeffrey and Elizabeth Perry eds.: *Popular Protect and Political Culture in Modern China.* Westview Press, Boulder, 1992.

○ 第八章

- 王佳寧主編：《中國改革經濟 30 年：撫脈歷程，1978-2008》，重慶大學出版社，重慶，2008 年。
- 劉佩瓊：《當代中國解讀》，商務印書館，香港，2008 年。
- 潘相陳：《最高決策：1989 之後共和國重大方略》，中共黨史出版社，北京，2004 年。
- 羅伯特·勞倫斯·庫恩（R. L. Kuhn）著，談崢、于海江等譯：《他改變了中國：江澤民傳》，上海譯文出版社，上海，2005 年。
- Naughton, Barry: *The Chinese Economy: Transitions and Growth.* The MIT Press, Cambridge, Mass., 2007.
- Chan, Adrian: *Chinese Marxism.* Continuum, New York, 2003.
- Unger, Jonathan: *The Nature of Chinese Politics: From Mao to Jiang.* M.E. Sharpe, Armonk, N.Y., 2002.

○ 第九章

- 王東京、田清旺、趙錦輝編：《中國經濟改革 30 年：政府轉型卷，1978-2008》，重慶大學出版社，重慶，2008 年。
- 王春永編著：《溫家寶總理經典引句解説》，中華書局，香港，2008 年。
- 亞歷珊德拉·哈妮（Alexandra Harney）著、洪妍懿譯：《低價中國：中國競爭優勢的真實代價》，天下雜誌股份有限公司，台北，2008 年。
- 陸學藝主編：《當代中國社會流動》，社會科學文獻出版社，北京，2004 年。
- 曾仲榮：《中國國情第一課——解構胡溫新思維》，經濟日報出版社，香港，2006 年。

- 曾仲榮：《中國國情第一課》，經濟日報出版社，香港，2008 年。
- 黃榮清：《轉型時期中國社會人口》，遼寧教育出版社，瀋陽，2004 年。
- 楊繼繩：《中國當代社會各階層分析》，甘肅人民出版社，蘭州，2006 年。
- 羅金義、鄭宇碩編：《中國改革開放 30 年》，香港城市大學出版社，香港，2009 年。
- Paau, Danny and Yee, Herbert eds.: *Return of the Dragon: US-China Relations in the 21st Century*. P. Lang, New York, 2005.
- Saich, Tony: *Governance and Politics of China*. Palgrave Macmillan, New York, 2004.

○ 第十章

- 阿里研究院：《互聯網＋：從 IT 到 DT》，北京：機械工業出版社，2015。
- 張宏任：《人民幣國際化與香港未來》，香港：和平圖書，2012。
- 中國國際問題研究院編：《中國大視野：國際熱點問題透視》，香港：中華書局，2015。
- 安東編：《習近平經典引句解讀》，香港：中華書局，2015。
- 中央電視台《復興之路》節目組等編：《復興之路》，北京：人民出版社，2013。
- 李光耀口述：《李光耀論中國與世界》，北京：中信出版社，2013。
- 郎咸平：《中國經濟的舊制度與新常態》，香港：中和，2015。
- 中國現代國際關係研究院：《一帶一路讀本》，北京：時事出版社，2015。
- 林建忠主編：《一帶一路與香港》，香港：三聯書店，2016。
- 《十九大精神十三講》編寫組：《十九大精神十三講》，香港：新民主出版社，2017。